Annette Fischer

Ostwestfalen-Lippe

Schlösser und Burgen

Wartberg Verlag

Fotografie und Text
Annette Fischer, Schlangen

Vordertitel: Schloss Vinsebeck, Steinheim-Vinsebeck
Rücktitel: Die Wewelsburg, Büren

Dank
Wir danken den Besitzerinnen und Besitzern der vorgestellten Burgen und Schlossanlagen für
ihr freundliches Entgegenkommen und die Mitteilung zahlreicher Informationen. Zur weiteren
Recherche wurden Monographien, lokal-, regional- und kunstgeschichtliche Publikationen, historische
Abbildungen, Bände des Westfälischen Ortsnamenbuches sowie Urkunden und Urkundenregesten
herangezogen.

1. Auflage 2021
Alle Rechte vorbehalten, auch die des auszugsweisen Nachdrucks
und der fotomechanischen Wiedergabe.
Layout und Satz: Christiane Zay, Passau
Druck: Rindt Druck, Fulda
Buchbinderische Verarbeitung: Buchbinderei S. R. Büge, Celle
© Wartberg-Verlag GmbH
34281 Gudensberg-Gleichen, Im Wiesental 1
Telefon: 0 56 03-9 30 50
www.wartberg-verlag.de
ISBN 978-3-8313-3259-5

Inhaltsverzeichnis

Burgruine Rahden

Schloss Benkhausen

Gut Bustedt

Gut Hiddenhausen

Haus Werburg

Burg Ravensberg

Schloss Tatenhausen

Die Sparrenburg

Neues Palais Detmold

Schloss Holte

Fürstliches Residenzschloss Rheda

Burgruine Lippspringe

Die Vernaburg

Die Dreckburg

Die Wewelsburg

Schloss Neuhaus

Minden

Herford

Bielefeld

Detmold

Gütersloh

Paderborn

Höxter

Ostwestfalen-Lippe

Schloss Ovelgönne

Schloss Brake

Schloss Wendlinghausen

Burg Sternberg

Fürstliches Residenzschloss Detmold

Schloss Schieder

Burg Horn

Schloss Vinsebeck

Haus Bökerhof

Schloss Corvey

Schloss Holzhausen

Schloss Wehrden

Schloss Rheder

Burg Dringenberg

Schloss Borlinghausen

Burgruinen Desenberg und Holthusen

Die Falkenburg

Einleitung

Egal ob weithin sichtbare Wehrbauten oder von weitläufigen Parks umgebene ehemalige Residenzen, egal ob Ruine oder restauriert und für heutigen Gebrauch hergerichtet: Burgen und Schlösser faszinieren. Einerseits kaum verzichtbarer Bestandteil der Sagen- und Märchenwelt, spielen sie als geschichtsträchtige Bauwerke eine wesentliche Rolle bei der Ausbildung regionaler Identitäten, die immer auch die Einbettung in historische Zusammenhänge umfasst.

Schon während der Jungsteinzeit gab es europaweit mehrteilige Wall-Graben-Anlagen, sogenannte Erdwerke, die kultischen, aber ebenso fortifikatorischen Zwecken gedient haben sollen. Aus nachfolgenden Epochen sind zahlreiche Wallburgen bekannt. Etliche dieser großflächigen, zum Teil dauerhaft besiedelten Befestigungen waren vor allem während der vorrömischen Eisenzeit nicht zuletzt in Ostwestfalen-Lippe errichtet worden. Häufig lassen sich Nutzungen bis ins Frühmittelalter nachweisen. Angesichts ihrer oft strategisch günstigen Lage wurden viele der Areale später mit Landes- und Adelsburgen bebaut. Das galt verstärkt für das Hochmittelalter, eine Zeit der sich herausbildenden Territorialherrschaften.

Mit Bergfried, Wohn- und Wirtschaftsgebäuden ausgestattet, waren die auf Anhöhen oder in Niederungen errichteten Burgen weithin sichtbare Symbole der Machtdemonstration, die zugleich als Herrschaftssitz, Gerichtsort und Verwaltungszentrum fungierten. Zu den Bewohnern zählten unter anderem die für administrative Aufgaben zuständigen Amtmänner sowie die Burgmannen: Die dem niederen Adel angehörenden Ritter kümmerten sich um die militärische Absicherung. Hinzu kamen die Familien der beiden Personengruppen, aber auch Knechte, Mägde, Hirten, Boten und weiteres Gesinde. Die zumeist landesherrlichen Erbauer der Burgen und deren Gefolge residierten nur zeitweise dort. Den mittelalterlichen Reisekönigen vergleichbar, wechselten sie regelmäßig den Aufenthaltsort, um in ihrem gesamten Herrschaftsgebiet Präsenz zu zeigen.

Eher wenig luxuriös gestaltete sich das Leben auf einer Burg. Es war kalt und ungemütlich und wegen der räumlichen Nähe von Mensch und Tier ließen die hygienischen Verhältnisse zu wünschen übrig. Als die Anlagen im ausgehenden Mittelalter aufgrund neuer Waffentechniken und geänderter Formen der Kriegsführung zunehmend ihre Schutzfunktion verloren, wurden etliche der wenig gastlichen Gemäuer zu komfortablen Schlössern ausgebaut. Anstelle der Wehrhaftigkeit ging es nun vor allem um standesgemäße Repräsentation, in der sich gleichwohl Machtbewusstsein und Herrschaftsanspruch widerspiegelten.

Durch Versailles inspiriert, erreichte die höfische Prachtentfaltung im Barock ihren Höhepunkt. Landesherren und Adelige ließen ihre Schlossanlagen dem Stil der Zeit entsprechend umgestalten und erweitern, darüber hinaus entstanden neue Jagd-, Land- und Lustschlösschen. Die Verwirklichung der oft ambitionier-

Schloss Ovelgönne, Ansicht von Süden

ten Projekte ging nicht selten mit einer überbordenden Verschuldung der Auftraggeber sowie zusätzlichen Dienstpflichten und hohen Abgabenlasten für die Bevölkerung einher, andererseits fanden Lieferanten, Handwerker und Künstler Beschäftigung und Auskommen. Ab dem 19. Jahrhundert stießen wirtschaftlich erfolgreiche Vertreter des Bürgertums ebenfalls in den Kreis der Schloss- oder Herrenhausbesitzer vor. Einst herrschaftliche Anwesen wurden dadurch einmal mehr zum Ausdruck gesellschaftlichen Wandels.

Ostwestfalen-Lippe ist reich an Schlössern und Burgen verschiedener Epochen. Die mit dem Regierungsbezirk Detmold identische Region umfasst neben der kreisfreien Stadt Bielefeld die Kreise Gütersloh, Herford, Höxter, Lippe, Minden-Lübbecke und Paderborn. In früheren Zeiten regierten dort weltliche und geistliche Landesherren, die wie die lippischen Herrscher und die Grafen von Ravensberg oder auch die Paderborner Fürstbischöfe eine große Zahl an Wehr- und Repräsentationsbauten errichtet haben. Gleiches galt für etliche regionale Adelsfamilien. Ein Teil des baulichen Erbes befindet sich mittlerweile in öffentlichem Besitz, zahlreiche Anwesen werden nach wie vor privat bewohnt und bewirtschaftet. Im Hinblick auf Denkmalschutzvorgaben oder Energiekosten sind Instandhaltung und Nutzung der Gebäude jedoch für alle eine stete Herausforderung, der oftmals mit Engagement und Kreativität begegnet wird. Da vielerorts Besichtigungsmöglichkeiten bestehen, können sich Interessierte selbst einen Eindruck verschaffen und dabei in die Märchenwelt ihrer Kindheit eintauchen oder historischen Fragestellungen nachspüren.

Die Schlossanlage Benkhausen

Schloss Benkhausen – Moderne trifft auf Tradition

Die Geschichte des Schlosses Benkhausen reicht mindestens bis in die Mitte des 15. Jahrhunderts zurück. Laut entsprechendem Revers hatte Hardeke Münch, Besitzer der rund zwei Kilometer entfernten Ellerburg, 1463 vom Tecklenburger Grafen Nikolaus III. († 1508) unter anderem zwei Bauernhöfe in „Beninchus" zu Lehen erhalten, sie waren die Keimzelle eines neuen Adelssitzes.

Zunächst standen die beiden Höfe jedoch im Mittelpunkt heftiger Kontroversen mit der Familie von dem Bussche. Der Streit steuerte einem Höhepunkt zu, als Hardeke Münch († um 1510) seinen Gegenspieler Albert von dem Bussche (vor 1438–1475) in der Kirche des Klosters Levern erstach. Die Fehde endete nach 1484, allerdings musste zuvor ein beträchtliches Sühnegeld gezahlt werden. 1508 ging der Lehnsbesitz in Benkhausen endgültig an die Familie Münch über. Das „von" bei Adelsnamen, die sich nicht ausdrücklich auf Herkunftsorte beziehen, fand erst während der Frühen Neuzeit Verbreitung.

Benkhausen als Adelssitz

Nach dem Tod Hardeke Münchs fiel seinem Sohn Statius die Ellerburg zu. Hardeke Junior erbte hingegen 1510 Benkhausen, wo er in der Folgezeit eine Burg errichtete. Zum spätmittelalterlichen Baubestand liegen keine zuverlässigen Angaben vor. Das teilweise erhaltene Gräftensystem bietet immerhin Hinweise auf die Anordnung von Haupt- und Vorburg, die wahrscheinlich durch einen Wassergraben getrennt waren.

Ihr heutiges Aussehen erhielt die Anlage im Wesentlichen unter Heinrich Münch († 1667), ein offenbar recht zielstrebiger Mann, der zur Zeit des Dreißigjährigen Krieges (1618–1648) Karriere als Offizier gemacht hatte und anschließend, genauer gesagt 1649, zum brandenburgischen Landdrost und Landkriegskommissar ernannt wurde. Sein gleichnamiger Neffe Heinrich (1647–1714), seit 1709 ebenfalls Mindener Landdrost, vollendete 1683 die 1657 begonnenen Bauarbeiten. An ihn und seine Frau Charlotte Louise Grote († 1729) erinnert der Wappenstein über dem Eingangsportal des Haupthauses.

Als ihr Mann starb, verwaltete Charlotte Grote, Mutter von 13 Kindern, das Gut mit energischer Hand. Entgegen den üblichen Gepflogenheiten bestimmte sie ihren jüngsten Sohn zum Erben. Da selbst kinderlos, vermachte Philipp Münch (1690–1773) seine Besitzungen Philipp Clamor von dem Bussche (1728–1808), der sich allerdings nur selten in Benkhausen aufhielt. Erst dessen Sohn Georg kümmerte sich wieder persönlich um das zwischenzeitlich durch Verwalter bewirtschaftete Gut und leitete damit eine Phase vielversprechender Entwicklungen ein.

Mitte der 1870er-Jahre endete die Blütezeit. Nachdem 1874 Georg von dem Bussche Münch (1791–1874) gestorben war, folgte ihm 1875 nicht nur der letzte seiner drei Söhne ins Grab, zwischen 1874 und 1878 erlagen auch noch dessen drei Kinder der Tuberkulose. Benkhausen fiel nun an die Nebenlinie von dem Bussche Ippenburg. Wie schon ihre unmittelbaren Vorgänger ergänzten die neuen Besitzer ihren Namen um den Zusatz *Münch*. 1899 ließ Karl von dem Bussche Münch (1861–1900) das Haupthaus sanieren und erweitern. 1924 musste sein 1897 geborener Sohn Alhard Konkurs anmelden, einen Bankrott konnte er aber durch Besitzveräußerungen abwenden. Das Schloss blieb indes Eigentum der Familie.

20. und 21. Jahrhundert

Neue Kapitel in der Nutzungsgeschichte der Anlage wurden nach dem Ende des Zweiten Weltkriegs aufgeschlagen. 1945 von der britischen Besatzungsmacht beschlagnahmt, diente das Schloss anschließend unter anderem als Offiziersmesse und Wohnsitz der Oberbefehlshaber der Britischen Rheinarmee. 1962 verkaufte Alhard von dem Bussche Münch das Anwesen an die Diakonische Stiftung Wittekindshof, die dort nach grundlegenden Umbauten ab 1964 eine Wohn- und Arbeitsstätte für Menschen mit geistiger Behinderung betrieb. 2009 wurde das Pflegeheim aufgegeben.

Wappenstein über dem Eingang

Mit dem Ziel, dort ein modernes Schulungs- und Tagungszentrum zu schaffen, erwarb 2010 die Unternehmerfamilie Gauselmann das renovierungsbedürftige Schloss samt Nebengebäuden und verwildertem Park. Als Erstes stand die Sanierung des Haupthauses an. Von der Freilegung historischer Stuckarbeiten, Kamineinbauten und Fachwerkbestandteile abgesehen, wurde anhand überlieferter Pläne auch die ursprüngliche Raumaufteilung rekonstruiert. Es folgten die Errichtung eines gläsernen Verbindungstraktes zu einem Nachbargebäude, die Umgestaltung der für eine Hotelnutzung vorgesehenen Bauten, die Instandsetzung der Scheune, die seit 2013 das Deutsche Automatenmuseum beherbergt, und vieles mehr. Orientiert an alten Vorlagen wurden darüber hinaus der Schlossgarten neu angelegt und der englische Landschaftspark teilweise rekonstruiert.

Vorderseite des Hauptgebäudes

Informationen
Neben den frei zugänglichen Park- und Gartenanlagen laden regelmäßige Ausstellungen und Kulturveranstaltungen zum Besuch ein. Trauungen im Schloss sind ebenfalls möglich.

Kontakt
Schloss Benkhausen
Schlossallee 1 (Neustadtstraße 40)
32339 Espelkamp
Tel. 05743 93182-10
schloss-benkhausen.de
deutsches-automatenmuseum.de

Haus Bökerhof – Dichtung und Gelehrsamkeit im Zeichen der Romantik

Über die Anfänge des Adelssitzes Bökerhof liegen kaum Nachrichten vor. Alte Schriftzeugnisse beziehen sich zumeist auf den Ort Bökendorf, der nach heutigem Kenntnisstand erstmals in der Vita Meinwerci, der Lebensbeschreibung Bischof Meinwerks von Paderborn (um 975–1036), genannt wird. Dabei ging es um Besitz, der zwischen 1015 und 1036 der Paderborner Kirche übertragen wurde.

1351 als Corveyer Lehen an die Ritter von Brakel vergeben, lag Bökendorf nach deren Aussterben 1384 in verschiedenen Händen. 1479 haben schließlich die von Haxthausen die Güter erworben. Die lange Zeit auch nahe Paderborn ansässige Familie, deren Mitglieder dort und in Hildesheim Domherrenstellen besetzten und innerhalb der fürstbischöflichen Verwaltung hohe Ämter bekleideten, hatte schon seit dem 14. Jahrhundert einen planmäßigen Ausbau ihrer Besitzungen östlich des Eggegebirges betrieben.

Von der Wasserburg zum Herrenhaus

An der Stelle des heutigen Gebäudes befand sich zuvor eine spätmittelalterliche, von allerdings nicht mehr vorhandenen Wassergräben umgebene Niederungsburg, deren Entstehung im 15. Jahrhundert vermutet wird. Über das Aussehen jenes Bauwerks ist bislang nichts bekannt. Vom Freiherrn Caspar Moritz von Haxthausen beauftragt, plante und errichtete der Hildesheimer Hofbaumeister Anton Went zwischen 1768 und 1771 das spätbarocke Herrenhaus, das bis heute die Szenerie prägt. Erster Bewohner war der Sohn des Bauherrn, Werner Adolph von Haxthausen (1744–1823), der Großvater der berühmten Dichterin Annette von Droste-Hülshoff (1797–1848).

Haus Bökerhof, Gartenseite

In verputztem Fachwerk ausgeführt, präsentiert sich das elegante Landschlösschen als zweigeschossiges Rechteckgebäude mit Mansardwalmdach. Vervollständigt wird das Ganze durch zwei quadratische, von Zeltdächern bekrönte und um seitliche Anbauten ergänzte Eckpavillons. Für die regionale Architektur typisch sind die zur Dacheindeckung genutzten Sollingsandsteinplatten. Im Laufe der Zeit erfolgten mehrfach bauliche Veränderungen, während der 1990er-Jahre fand eine umfassende Sanierung der Innen- und Außenbereiche statt. Anhand überlieferter Pläne wurden dabei einige Räume dem ursprünglichen Zustand entsprechend rekonstruiert. Bis 2012 befand sich dort ein Literaturmuseum, dessen Ambiente zugleich die Wohnverhältnisse der Biedermeierzeit widerspiegelte.

Kreuzweg, Allee und Laubengang

Auf einen schon im 18. Jahrhundert vorhandenen Garten verweisen alte Steuerlisten, die für 1792 die Beschäftigung eines Gärtners dokumentieren. Der Gutspark entstand aber erst zu Beginn des 19. Jahrhunderts. Als bemerkenswertes Zeugnis der damaligen Garten- und Landschaftsplanung gilt die Betonung der zentralen Achse durch eine raumgreifende Allee, die sich vom Herrenhaus aus in östliche und westliche Richtung erstreckte. Die baumgesäumte Zufahrt deutet den einstigen Verlauf noch ebenso an wie die oberhalb der Schlosswiese nach Westen führende Lindenallee mit dem Kreuzweg, der im späten 18. Jahrhundert von der Familie Haxthausen gestiftet wurde. Die Allee endet am 1799 errichteten Weißen Kreuz, dessen östliches Pendant in ungefähr zwei Kilometern Entfernung auf einer gegenüberliegenden Anhöhe steht. Das Besondere der Anlage ist jedoch der historische, einst ca. 750 Meter lange, vorwiegend aus beschnittenen Hainbuchen geformte Laubengang, von dem noch etwa 400 Meter erhalten sind. Ob das seltene Kleinod im 19. Jahrhundert oder bereits früher geschaffen wurde, ist nicht bekannt.

Der Bökendorfer Romantikerkreis

Gut vorstellbar, dass schon die Mitglieder des Bökendorfer Kreises an heißen Sommertagen unter dem schattenspendenden Blätterdach des Laubengangs flanierten, diskutierten und sich vielleicht auch näherkamen. „Du weißt, nirgends küßt es sich so gut wie in den Treibhäusern von Bökendorf und Hülshoff." Die Anmerkung entstammt einer Einladung Augusts von Haxthausen (1792–1867) an seinen Freund

Historischer Laubengang

Heinrich Straube (1794–1847), dem Annette von Droste-Hülshoff recht zugetan war, bevor die Beziehung bekanntermaßen scheiterte. Der Satz vermittelt einen Eindruck der ungezwungenen Atmosphäre, in der Dichter, Schriftsteller und Gelehrte wie Wilhelm und Jacob Grimm, Heinrich August Hoffmann von Fallersleben, die Droste und viele andere aufeinandertrafen.

Der Bökendorfer Kreis hatte sich ab 1809 um Werner von Haxthausen (1780–1842), seinen Bruder August und weitere Geschwister gebildet. Vom Geist der Romantik beeinflusst, sammelte man unter anderem Sagen und Märchen. Die Droste, die den Bökerhof aufgrund verwandtschaftlicher Verbindungen ohnehin gelegentlich besuchte, ging dort allerdings eher eigenen literarischen Neigungen nach. Durch örtliche Gerichtsakten inspiriert, fand sie in Bökendorf nicht zuletzt Anregungen für ihre Novelle „Die Judenbuche", eines der herausragenden Stücke der deutschen Literatur.

Informationen

Der in lokale Wanderwegenetze eingebundene Laubengang ist frei zugänglich. Das privat bewohnte Schloss kann nicht besichtigt werden.

Anschrift

Haus Bökerhof
Bökerhof 5
33034 Brakel-Bökendorf

Schloss Borlinghausen, Ansicht von Nordwesten

Schloss Borlinghausen – Adelssitz am Fuße des Eggegebirges

Etwas versteckt hinter der weitläufigen Gutsanlage mit ihren großzügigen Fachwerk- und Massivbauten aus dem 18. und 19. Jahrhundert liegt das Renaissanceschloss Borlinghausen. Seine Geschichte reicht viele Jahrhunderte zurück. Am Anfang stand die bereits 1256 auf der Burg Desenberg nachweisbare Familie Spiegel, von der sich 1338 die zweite Hauptlinie Spiegel zu Peckelsheim abgespalten hat. 1411 wurden deren Nachfahren unter anderem mit dem Dorf Borlinghausen einschließlich einer dortigen Burg belehnt. Ob es sich dabei um einen Vorgängerbau des heutigen Schlosses handelte, ist denkbar, aber letztlich ungeklärt. Zumal eine oberhalb Borlinghausens gelegene Wehranlage im Eggegebirge ebenfalls häufig als möglicher Adelssitz angesprochen wird. Für diese um 1000 entstandene Befestigung, die nur kurzzeitig zur Kontrolle eines nah vorbeiführenden Altweges gedient hatte, konnten archäologische Untersuchungen allerdings keine späteren Nutzungen belegen, auch schriftliche Überlieferungen existieren nicht.

Ein 1454 im Zusammenhang mit einer Verpfändung genanntes „Schloss in Borlinghausen" könnte hingegen auf die spätgotische Wasserburg verweisen, die gegen Ende des 16. Jahrhunderts zur Renaissanceanlage ausgebaut wurde. Auftraggeber waren Werner von Spiegel († 1594), der bereits seit 1567 in der Nachfolge seines Vaters als Erbmarschall des Paderborner Fürstbischofs fungierte und damit eines der wichtigsten Hofämter bekleidete, und seine Frau Katharina von Kanne († 1599). An das Paar erinnert das Doppelepitaph am Chor der örtlichen Pfarrkirche, die der Gutshofeinfahrt direkt gegenüberliegt.

Gotik, Renaissance, Barock

Laut Inschrift über dem Eingang zum hofseitigen Treppenturm begann 1587 die Erneuerung der spätmittelalterlichen Burg. Das aufgehende Mauerwerk zeigt noch Reste des alten Gebäudes wie Fenstereinrahmungen mit Stabgitterwerk und umlaufendes Gesims im Stil der Spätgotik.

Für die Baurbeiten zeichnete zunächst Meister Eigert Schennen aus der lippischen Stadt Blomberg verantwortlich. Nach dessen Tod setzte der ebenfalls von dort stammende Cort von Acken das Werk fort, das anscheinend 1593 weitgehend fertiggestellt war. Das legt zumindest ein an Graf Simon VI. zur Lippe gerichtetes Schreiben vom 12. Februar desselben Jahres nahe. Darin hat Werner von Spiegel den Vollender seines Schlossumbaus lobend weiterempfohlen und damit zugleich die Namen der beiden Baumeister überliefert.

Dem heutigen Betrachter präsentiert sich eine von breiten Wassergräben umgebene Zweiflügelanlage samt polygonalem Treppenturm im Winkel der Hofseite. Für die Renaissance charakteristisch sind Verzierungen wie Voluten und Beschlagwerkornamentik, wie sie der vermutlich erst um 1600 errichtete Nordgiebel des Westflügels aufweist.

Im ausgehenden 18. Jahrhundert erfuhr das zweigeschossige Wasserschloss eine Barockisierung, gemäß Inschrift fanden die Arbeiten um 1779 statt. Der Südflügel etwa erhielt ein Mansardwalmdach, das wiederum 1899 an der Ostseite mit einem in historischen Formen gestalteten Giebel ausgestattet wurde.

Blick auf West- und Südflügel

Besitzerwechsel im 19. Jahrhundert

1839 verkaufte die letzte Erbin aus der Linie von Spiegel zu Borlinghausen das Gut an den Braunschweiger Kaufmann Julius Georg Bierbaum (1761–1844), der das Anwesen seinem Sohn Julius schenkte. Um der Dorfbevölkerung Einkommensmöglichkeiten zu verschaffen, ließ Julius Bierbaum zwischen 1847 und 1849 im Bereich des Eggekamms einen Aussichtsturm, „Bierbaums Nagel", errichten. Er kam damit gleichzeitig einem Wunsch seiner aus Kassel stammenden Frau entgegen, die unter Heimweh litt und nun bei guter Sicht bis zum Herkules, dem Wahrzeichen ihrer Geburtsstadt blicken konnte.

Schon 1860 veräußerte Julius Bierbaum seinen Borlinghauser Besitz, weitere Eigentümerwechsel sollten im Verlauf der nächsten Jahrzehnte folgen. 1926 erwarb schließlich Klemens Freiherr von Weichs zur Wenne Gut und Schloss Borlinghausen. Die nach wie vor dort ansässige Familie hat die historischen Ökonomiegebäude in ihren modernen landwirtschaftlichen Betrieb einbezogen, während sie das Schloss als Wohnsitz nutzt.

Informationen
Die Schlossanlage ist nicht öffentlich zugänglich.
Zu einem Besuch lädt der direkt am Eggeweg gelegene Aussichtsturm „Bierbaums Nagel" ein, der weite Blicke ins Land ermöglicht.

Anschrift
Schloss Borlinghausen
Hauptstraße 3
34439 Willebadessen-Borlinghausen

Schloss Brake, Innenhofansicht mit Nordflügel und Teil des Osttraktes samt Wappentafel von 1666

Schloss Brake – Zeugnis der Renaissance im Weserraum

Bei der Errichtung mittelalterlicher Territorialherrschaften spielten Burgenbau und Stadtgründungen eine wesentliche Rolle. Diesem Prinzip folgten auch die lippischen Edelherren. Um 1190 gründete Bernhard II. zur Lippe (um 1140–1224) die Stadt Lemgo, wenige Jahre später entstand unter seinen Nachfolgern in unmittelbarer Nähe die Burg Brake. Zu deren Aussehen geben archäologische Untersuchungen zwar Hinweise, Genaueres ist jedoch nicht bekannt. 1306 erstmals erwähnt, diente die oberhalb der Bega errichtete Anlage im frühen 14. Jahrhundert den Edelherren häufig als Aufenthaltsort. Die baulichen Veränderungen aus jener Zeit hinterließen aber ebenfalls nur wenige Spuren. Eher mittelbare Auswirkungen hatte die Soester Fehde (1444–1449). Zwar war die Burg von Brandschatzungen betroffen, größere Zerstörungen sind indes nicht überliefert. Anders sah es in Detmold und Blomberg aus. Erheblich beschädigt und anschließend umfassend erneuert, entwickelten sich die dortigen Burgen zu bevorzugten Residenzen, während die Braker Anlage ihren ursprünglichen Stellenwert einbüßte und nun überwiegend als Witwensitz und Pfandobjekt genutzt wurde.

Der Ausbau zum Renaissanceschloss

Eine neue Blütezeit begann im späten 16. Jahrhundert. Bereits 1571 hat Katharina von Waldeck (1524–1583), die Witwe Graf Bernhards VIII. zur Lippe (1527–1563), Haupt- und Vorburg modernisieren und erweitern lassen. Unter anderem erfolgte eine renaissancetypische Umgestaltung des Südflügels durch Hermann Wulff aus Lemgo, erhalten blieb davon kaum etwas. 1584 beauftragte schließlich Simon VI. zur Lippe (1554–1613) den Lemgoer Baumeister mit dem Ausbau der Burg zum repräsentativen Schloss.

Graf Simon VI., der Brake zu seiner Hauptresidenz erwählt hatte, gilt als einer der herausragenden Herrscher des lippischen Hauses – und das nicht nur wegen seiner diplomatischen Aktivitäten und der von ihm angestoßenen Verwaltungs- und Justizreformen. Hochgebildet und vielseitig interessiert, holte er Wissenschaftler und Künstler an seinen Hof, korrespondierte mit Gelehrten und widmete sich der Musik, Malerei und Literatur. Bei der Regelung seines Erbes agierte Simon VI. jedoch wenig glücklich. Das Übertragen bestimmter Herrschaftsrechte an seine jüngeren Söhne sorgte für zahlreiche Konflikte. Kontroversen prägten auch die Einführung des reformierten Bekenntnisses in Lippe. Die selbstbewusste Stadt Lemgo, die angesichts staatlicher Zentralisierungstendenzen ohnehin ihre Autonomie gefährdet sah, leistete Widerstand und blieb am Ende lutherisch.

In Anbetracht des seit jeher gespannten Verhältnisses zwischen Lemgoern und Landesherrschaft kam dem Ausbau der Burg Brake zum Regierungssitz hohe Symbolkraft zu. Als Zeichen der Machtdemonstration wird insbesondere der siebengeschossige Turm seine Wirkung kaum verfehlt haben. An der Stelle des zuvor abgebrochenen Bergfrieds entstanden, beherbergte das imposante Bauwerk Treppenanlagen sowie gräfliche Privatgemächer, darunter Bibliotheksräume und eine Studierstube. Auf die vielfältigen Interessen Simons VI. verwies zudem ein für astronomische Beobachtungen geeigneter Steingang im obersten Geschoss. Die westliche Turmfront ist durch Fenster, Pilaster und Gesimse reich strukturiert.

Ölmühle, erbaut 1808

Umbauten und spätere Nutzungen

Ab den frühen 1660er-Jahren wurde der Ostflügel unter Einbeziehung älterer Bausubstanz neu errichtet, ebenso stammt die Schlossbrücke aus jener Zeit. Nach dem Aussterben der Linie zur Lippe-Brake veranlasste Graf Friedrich Adolf (1667–1718) um 1710 im Nordflügel barocke Umgestaltungen. Das Schloss sollte zur Nebenresidenz der seit dem Tod Simons VI. wieder in Detmold ansässigen Landesherren werden. Allmählich verlor Brake jedoch endgültig an Bedeutung. Im 19. Jahrhundert fanden erhebliche Eingriffe wie der Abbruch des Torhauses statt. In die Gebäude zogen Amtsstuben, Brauerei und später eine Oberförsterei ein. Heute befinden sich dort die Verwaltung des Landesverbandes Lippe, seit 1949 Eigentümer der Anlage, außerdem weitere Büroräume sowie das 1989 eröffnete Weserrenaissance-Museum.

Im Schlossumfeld bestimmen die Wohn- und Wirtschaftsgebäude der einstigen herrschaftlichen Domäne das Bild, sie wurden mit der Zeit ebenfalls wechselnden Nutzungen angepasst. Gleiches gilt für die Bauten auf dem früheren Gartenareal. Noch im Originalzustand erhalten ist hingegen die technische Einrichtung einer Ölmühle von 1808.

Informationen

Das Gelände ist frei zugänglich. Schwerpunkte des Weserrenaissance-Museums Schloss Brake sind die Geschichte der Schlossanlage und die Renaissance im Weserraum. Die Ölmühle, seit 1925 technisches Kulturdenkmal, kann nach Absprache besichtigt werden.

Kontakt

Weserrenaissance-Museum Schloss Brake
Schlossstraße 18
32657 Lemgo
Tel. 05261 9450-0
www.museum-schloss-brake.de

Ölmühle am Schloss Brake
www.verein-alt-lemgo.de

Turm und angrenzender Nordflügel

Gut Bustedt – Eine Burg als Biologiezentrum

Gänsegeschnatter empfängt die Besucher am Gut Bustedt, das seit 1982 als außerschulischer Lernort dient. Die Lage in der Niederung des Brandbaches, die beispielsweise Beobachtungsstudien im benachbarten Feuchtwiesenbiotop ermöglicht, kommt nicht nur heutigen Konzepten interaktiver Umweltbildung entgegen, sondern bot schon für den Bau einer mittelalterlichen Burg beste Voraussetzungen.

1222 werden „Gelderadus, Gerhardus und Albertus de Busgenstide", Kanoniker des Stiftes Enger, als Zeugen einer Besitzübertragung erwähnt. Ob sich der Herkunftsname auf eine zu der Zeit bereits bestehende Burg Bustedt bezieht, ist denkbar, konkrete Belege fehlen indes. Nähere Informationen liegen seit dem beginnenden 15. Jahrhundert vor. Angesicht der Zerstörung seines vormaligen Burgsitzes bei Spenge im Jahr 1404 hatte Heinrich VI. Ledebur (um 1380–1458) die Reichsabtei Herford um ein anderes Lehen gebeten. Sein Plan, im Bereich der heutigen Bustedter Wiesen einen Ersatz zu schaffen, wurde jedoch abschlägig beschieden.

Mit Genehmigung des Herzogs Wilhelm von Berg (1382–1428), zugleich Graf von Ravensberg, nahm der Ritter das Vorhaben trotzdem um 1415 in Angriff. Weil die Herforder Stiftsdamen ihr Eigentum bedroht sahen, kam es 1417 zur Fehde, an deren Ende Ledebur das Gut räumen und seine Wehranlage zerstört werden sollte. Letzteres ist allerdings zweifelhaft, denn Bustedt fiel schließlich Wilhelm von Berg-Ravensberg zu, der seinem Vasallen Heinrich Ledebur 1419 den Besitz abkaufte und ihm die nunmehrige Landesburg anschließend als Lehen überließ.

Erneuerung und Verpfändungen

1443 verpfändete der Landesherr Herzog Gerhard von Jülich-Berg (um 1416–1475) die Burg samt allem Zubehör an Lüdeke Nagel (um 1395–1465). Da er schwören musste, Heinrich Ledebur nicht zu schädigen, nutzte der landesherrliche Drost sein nahe gelegenes Gut Hiddenhausen als Wohnsitz. 1475 erhielt dessen Sohn Johann die Erlaubnis zur Erneuerung der Bustedter Gebäude. Im Verlauf der nächsten Jahrzehnte erfolgten weitere Bau- und Instandhaltungsmaßnahmen durch die Familie Nagel, die bis 1562 in Besitz der Pfandschaft blieb. Auch danach wurde Bustedt an hohe landesherrliche Beamte versetzt.

1648 erhielt der Rittmeister Wolf Ernst von Eller das Gut. Der spätere Drost des Amtes Sparrenberg hatte zuvor die mittlerweile auf 4800 Taler dotierte Pfandsumme gezahlt und damit die Umwandlung in ein Lehen ermöglicht. 1964 veräußerten Nachfahren der Familie von Eller-Eberstein die Besitzung an das Amt Herford-Hiddenhausen. 1969 übernahm als dessen Rechtsnachfolgerin die Gemeinde Hiddenhausen das Gut. Seit 1982 ist der Verein *Biologiezentrum Bustedt Ostwestfalen-Lippe e. V.* Pächter der Gebäude und der zugehörigen Außenanlagen.

Burg Bustedt, hofseitige Turmansicht

Eingang zur Vorburg

Moderne Umweltbildung im historischen Gemäuer

Die Anfänge der heutigen, aus Vor- und Hauptburg bestehenden Zwei-Insel-Anlage reichen bis in die Zeit um 1415 zurück. Hinweise zum ursprünglichen Baubestand liegen allerdings nicht vor. Einen etwas genaueren Eindruck vermittelt eine Schilderung aus dem Jahr 1558, die, von Gräben, Teichen und Zugbrücke abgesehen, Saal, Küche und Kellerräume der Hauptburg sowie verschiedene Stallungen der Vorburg erwähnt. Ein ebenfalls genanntes „Steinwerk" wird sich auf den Turm bezogen haben. Der mächtige, fast quadratische Bau, der auch die Burgkapelle beherbergte, gilt als der älteste Gebäudeteil. In seinem Westteil wurden Reste eines mittelalterlichen Kellers entdeckt, die aber nicht genau zu datieren waren.

Das jetzige Erscheinungsbild der zweiflügeligen Wasserburg ist das Ergebnis von Um- und Ausbauten, die Wolf Ernst von Eller um etwa 1660 veranlasste. Unter anderem entstand wohl anstelle eines älteren Wirtschaftsgebäudes der Osttrakt, der wie der direkt anschließende Nordflügel zwei Geschosse aufweist. Die Fassaden präsentieren sich schmucklos, einziges Gliederungselement sind die Fenster. Das flache Walmdach des Turms bekrönt ein Dachreiter.

Zwischen 1797 und 1799 hatte der Maler Cordes aus Rheda den Ostflügel mit klassizistischen Wandmalereien ausgestattet. Im Zuge der 1987 bis 1989 durchgeführten Umbauten für schulische Zwecke blieben die figürlichen und ornamentalen Darstellungen in zwei Räumen erhalten. Eins der Zimmer wird heute für Trauungen genutzt. Schon 1768 war die Brücke und um 1769 die Pforte zur Vorburg erneuert worden, die an deren Ostseite vorhandenen Wirtschaftsbauten wurden im 19. Jahrhundert abgerissen.

Informationen

Das Außengelände ist frei zugänglich. Mit seinem weitläufigen Areal, dem Bauerngarten und vielem mehr bietet Gut Bustedt zahlreiche Unterrichtsmöglichkeiten. Dazu passen die Aktivitäten des *Aquarien- und Terrarienverein im Biologiezentrum Bustedt,* der dort seine Tiere ausstellt und betreut.

Kontakt

Biologiezentrum Bustedt
Gutsweg 35
32120 Hiddenhausen
Tel. 05223 87031
www.gutbustedt.de

Aquarien- und Terrarienverein
www.at-bzb.de

Schloss Corvey, Ansicht von Nordwesten

Schloss Corvey – Kulturdenkmal mit über 1200-jähriger Geschichte

Die Geschichte des Schlosses Corvey ist untrennbar mit der früheren Reichsabtei verbunden. Um 816 hatten Benediktinermönche aus dem nordfranzösischen Kloster Corbie eine Ordensniederlassung an einem bislang nicht lokalisierten Ort namens *Hethis* gegründet, 822 verlegten sie ihren Konvent in die Weseraue. Das Land stellte Kaiser Ludwig der Fromme (778–840) zur Verfügung, der *Nova Corbeia,* das „Neue Corbie", mit Privilegien und zusätzlichem Grundbesitz ausstattete.

Durch umfassende Missionsarbeit, kontinuierliche Besitzvermehrung sowie die intensive Pflege von Wissenschaft und Kunst entwickelte sich das Kloster zu einem religiösen, wirtschaftlichen und kulturellen Zentrum, das weit über die Region hinausstrahlte. Seit der Überführung der Reliquien des hl. Vitus im Jahr 836 war Corvey nicht zuletzt ein bedeutender Wallfahrtsort. Misswirtschaft,

Kriege und der Verfall klösterlicher Sitten führten indes ab dem späten 10. Jahrhundert zum allmählichen Niedergang, daran änderte auch die 1220 von Kaiser Friedrich II. (1194–1250) vollzogene Erhebung zur Fürstabtei nichts. Endgültig besiegelt schien das Schicksal Corveys, nachdem im Dreißigjährigen Krieg (1618–1648) Brände und marodierende Söldnertruppen die Klosteranlage bis auf das Westwerk weitgehend zerstört hatten.

Ende des Klosters und Neubeginn

Mit der Wiederherstellung ging eine bescheidene neue Blüte einher. 1792 war die Abtei jedoch aufgehoben und in ein Fürstbistum umgewandelt worden, das wiederum 1802/1803 säkularisiert und zunächst dem Haus Nassau-Oranien zugesprochen wurde. Seit 1807 Teil des Königreichs Westphalen und ab 1815 preußische Domäne, gelangte Corvey 1820 an den Landgrafen Viktor Amadeus von Hessen-Rothenburg (1779–1834), der seinen Neffen als Erben einsetzte. 1840 zum Herzog von Ratibor und Fürst von Corvey erhoben, gründete Victor zu Hohenlohe-Schillingsfürst (1818–1893) das Herzogliche Haus Ratibor und Corvey, das bis heute Eigentümer der Schlossanlage und zugehöriger Besitzungen ist.

Vom Konventsgebäude zum Schloss

Die am ursprünglichen Grundriss orientierte Erneuerung der Klosterbauten begann in den 1660er-Jahren. 1662 wurde das Westwerk renoviert, 1665 die beschädigte Abteikirche aus der Karolingerzeit abgebrochen und ab 1667 durch einen Neubau ersetzt, der gotische Architektur und barocke Ausstattung auf bemerkenswerte Weise vereint. Zwischen 1699 und 1715 folgte die Errichtung der Konvents- und Ökonomiegebäude, danach entstanden die aufwendig gestaltete Toranlage sowie daran angrenzende Bedienstetenwohnungen, Stallungen und Remisen. 1741 schuf der Paderborner Hofbaumeister Franz Christoph Nagel (1699–1764) die auch als Teehaus genutzte Orangerie für den Abtsgarten.

Das schlossartige Aussehen der imposanten Barockbauten kommt nicht von ungefähr: Die Corveyer Fürstäbte waren Klostervorsteher und zugleich weltliche Landesherren. Ihr Territorium beschränkte sich zwar im Wesentlichen auf das Gebiet der heutigen Stadt Höxter, gleichwohl galt es, landesfürstliche Macht zu demonstrieren. Repräsentationsentfaltung spielte dabei eine große Rolle. Ausdruck zeittypischer Herrschaftsinszenierung sind nicht nur Prunkräume wie der mit Stuckaturen, aber auch Wand- und Deckengemälden ausgeschmückte Kaisersaal, sondern ebenso die zum Park ausgerichtete Schauseite des dreigeschossigen Konventsgebäudes. Von mächtigen Ecktürmen flankiert, bietet die rund neunzig Meter breite Fassade ein eindrucksvolles Bild.

Fürstliche Bibliothek

1836 waren der mittlere Abschnitt des vorgelagerten Wassergrabens verfüllt und die Steinbrücke, die vom Portal aus in Richtung Abtsgarten führte, beseitigt worden. Anstelle der barocken Gartenanlage entstand ein englischer Landschaftspark. Auch die Innenbereiche der Konventsbauten erfuhren im 19. Jahrhundert verschiedene Änderungen. Unter anderem erhielten die Pilaster und Gurtbögen des in der Barockzeit erbauten, aber mit gotisierenden Elementen ausgestatteten Kreuzgangs ab 1850 farbige Fassungen. Schon zuvor hatte der hessische Landgraf einige Wohnräume im klassizistischen Stil einrichten lassen. Hinzu kam die Ausgestaltung der einzigartigen, heute rund 74 000 Bände umfassenden Bibliothek, in der zeitweise der Dichter und Literaturhistoriker August Heinrich Hoffmann von Fallersleben (1798–1874) wirkte. Die große kulturhistorische Bedeutung Corveys insgesamt fand eine besondere Würdigung, als das karolingische Westwerk zusammen mit dem alten, archäologisch nachweisbaren Klosterbezirk, der „Civitas Corvey", 2014 UNESCO-Weltkulturerbe wurde.

Barocker Kreuzgang

Informationen
Gartenfeste und vielfältige kulturelle Veranstaltungen gehören zum festen Programm von Schloss Corvey. Daneben wartet das dortige Museum mit verschiedenen Angeboten auf. Ein Rundgang umfasst auch das berühmte karolingische Westwerk.

Kontakt
Schloss Corvey
37671 Höxter
Tel. 05271 68168
www.corvey.de

Burgruinen Desenberg und Holthusen – Ein Kegel und acht Ecken

Der Desenberg gilt als das Wahrzeichen der Warburger Börde. Die weithin sichtbare Landmarke ist ein erdgeschichtliches Relikt des nordhessischen Vulkanismus, doch trotz der kegelförmigen Gestalt handelt es sich nur um einen im Deckgebirge stecken gebliebenen Basaltschlot, der Erosionsprozessen widerstand, während das Umland abgetragen wurde. Der Basaltkegel, der die flachwellige Bördelandschaft um ca. 140 Meter überragt, war wie geschaffen für die Errichtung eines neuen Typus von Adelsburgen, der ab dem 11. Jahrhundert zunehmend auch in Westfalen Verbreitung fand. Zu den Vorteilen entsprechender Anlagen zählte, dass sie lediglich eine kleine Besatzung erforderten.

1070 erstmals im Zusammenhang mit der Auseinandersetzung zwischen Graf Otto von Northeim (um 1020–1083) und König Heinrich IV. (1050–1106) erwähnt, reichte die Bedeutung des Desenbergs anfangs weit über die Region hinaus. Das galt ebenso für die Zeit nach dem Aussterben der Northeimer Grafen, als die Burg spätestens 1152 an Heinrich den Löwen (um 1130/1135–1195) fiel, dann vorübergehend den Staufern gehörte und schließlich erneut in welfische

Hände gelangte. Der Paderborner Bischof, zuvor ebenfalls kurzzeitig Besitzer der Anlage, und auch der Abt von Corvey stellten sich dieser Entwicklung entgegen und belagerten die Burg, die am Ende um 1205 teilweise zerstört wurde.

Im 13. Jahrhundert stand der Desenberg unter der Verfügungsgewalt der Kölner Erzbischöfe, seit 1180 zugleich Herzöge von Westfalen und Engern, die eine Ausdehnung ihres Machtbereiches bis zur Weser anstrebten. Zu ihrer Gefolgschaft gehörte die Familie Spiegel, die nachweislich bereits 1256 auf der Burg ansässig war und den Ausbau einer eigenen kleinen Territorialherrschaft vorantrieb. Unter Beteiligung regionaler Adelsfamilien, aber auch weiterer Konfliktparteien wie die Paderborner Fürstbischöfe, die hessischen Landgrafen und die Stadt Warburg kam es in der Folgezeit mehrfach zu Streitigkeiten um Grenzen, Macht und politischen Einfluss. Bei der letzten großen Belagerung während der Hessisch-Paderbornischen Fehde (1464–1471) wurde die Vorburg 1470 großflächig durch einen Brand vernichtet. Für die Spiegels endete das 15. Jahrhundert mit dem Verlust etlicher Besitzungen sowie der Burg, die sie fortan vom Bischof zu Lehen nehmen

Weithin sichtbar erhebt sich der Desenberg über die Warburger Börde

mussten. Die Mitglieder der einzelnen Familienzweige verließen den Desenberg nach 1524 und gründeten im nahen Umkreis neue Adelssitze.

Die Festlegung der Landesgrenze zwischen Paderborn und Hessen hatte ohnehin dazu beigetragen, dass der Desenberg seine politische und militärische Funktion verlor. Die Burg verfiel und wurde zur pittoresken Ruine, die im 19. Jahrhundert nicht zuletzt Zeichner und Maler inspirierte. Zu Beginn der 1960er-Jahre fanden erste Ausgrabungen an der tiefer gelegenen Vorburg statt. 1987/1988 folgten Sondierungen sowie Sanierungs- und Sicherungsmaßnahmen im Bereich der Hauptburg, 1999/2000 wurden das Gelände und der noch vorhandene Baubestand exakt vermessen. Die archäologischen Untersuchungen brachten zahlreiche Erkenntnisse über die Nutzungsgeschichte der Burg, deren Mauerreste einschließlich begehbarem Bergfried heute ein beliebtes Ausflugsziel sind.

Die Holsterburg

Nur wenige Kilometer südwestlich vom Desenberg entfernt liegt die Ruine der Holsterburg. Der Name bezieht sich auf das zugehörige Dorf Holthusen, das samt Burganlage 1294 von Warburger Bürgern und deren Verbündeten mit Billigung des Paderborner Bischofs zerstört wurde. Ihnen war die um 1170/1180 errichtete Burg ein Dorn im Auge, weil sie die wichtige Fernverbindung nach Kassel kontrollierte und als Vorposten der Mainzer Erzbischöfe zugleich die Altstadt Warburg und ihren Stadtherrn, den Bischof von Paderborn, bedrohte.

Erstmals erwähnt wurde der Besitz am Holsterbach im Zusammenhang mit einer Übertragung der Güter an das Erzbistum Köln durch die Edelherren von Holthusen, genannt Berkule. Das Vorgehen hatte beim Mainzer Erzbischof, seit 1124 Obereigentümer, zunächst Widerstand hervorgerufen, letztlich einigten sich die beiden Erzbischöfe jedoch und belehnten die Berkules jeweils hälftig mit Burg und Dorf.

Bauliche Reste der Burg auf dem Desenberg

Lange Zeit kaum beachtet, schlummerten die Zeugnisse der konfliktträchtigen Vergangenheit unter einem bewachsenen Hügel. Umso überraschender war die Entdeckung der Reste einer achteckigen Burg. Bei den 2010 bis 2013 durchgeführten Grabungen konnten im Innern der Anlage verschiedene Gebäude aus mehreren Bau- und Nutzungsphasen nachgewiesen werden, die über Luxusausstattungen wie Kachelofen und Warmluftheizung verfügten. Weit und breit einmalig ist indes die Form: Seit 2020 für Besucher erschlossen, zählt die Holsterburg zu den wenigen oktogonalen Burgen des europäischen Hochmittelalters, darüber hinaus gilt sie als nördlichste Vertreterin dieses Burgentyps im deutschsprachigen Raum.

Informationen
Beide Burgruinen können besichtigt werden.
Parkmöglichkeiten sind vorhanden.

Anschrift
Desenberg
Nordöstlich der Warburger Innenstadt, Richtung Daseburg
34414 Warburg

Holsterburg
Südöstlich der Warburger Innenstadt, Richtung Calenberg
34414 Warburg

Ruine der Holsterburg

Vorderansicht des Neuen Palais

Neues Palais Detmold – Nebenresidenz am Kanal

Architektur und Gartengestaltung, die höfische Lebensart insgesamt: Zur Barockzeit drehte sich alles um Repräsentation, die indes kein Selbstzweck war, sondern Ausdruck herrschaftlichen Selbstverständnisses. Europaweite Maßstäbe setzte in der Hinsicht der Versailler Hof, der auch Friedrich Adolf zur Lippe (1667–1718) beeindruckt hatte. Der Graf kannte das französische Schloss und seine Gärten aus eigener Anschauung, gleiches galt für die künstlichen Wasserläufe Hollands. Beides inspirierte ihn zum Bau der Anlage Friedrichstal, ein prachtvoller Lustsitz vor den Toren Detmolds, der durch einen Kanal mit dem Residenzschloss verbunden war. Angesichts finanzieller Engpässe konnten jedoch nur Teile der ambitionierten Pläne verwirklicht werden, und davon hat wiederum nur weniges die Zeiten überdauert. Erhalten blieb unter anderem das Neue Palais, das als Zwischenstation auf dem Weg nach Friedrichstal fungieren sollte.

Das entsprechende Grundstück hatte Friedrich Adolf seiner zweiten Frau Amalie (1678–1746) geschenkt, die Hans Hinrich Rundt mit Entwürfen für eine Art Landschlösschen beauftragte. Zu jener Zeit für die Neugestaltung der Innenräume des Detmolder Schlosses zuständig, entwarf der Hamburger Maler einen dreiflügeligen Bau mit zweistöckigem Mittelteil und zwei eingeschossigen, nach vorn versetzten Pavillons. Dadurch ergab sich ein Ehrenhof, der zur Straße hin von einem Eisengitter abgeschlossen wurde. An der Ausführung der prächtigen Innenausstattung mit Stuck-, Lack- und Marmorarbeiten waren neben einheimischen Handwerkern auch italienische und französische Fachleute beteiligt.

Das von 1708 bis 1717 erbaute Haus Favorite erhielt später den aus Friedrich-Amalie-Adolph zusammengezogenen Namen *Friedamadolphsburg,* abgekürzt wurde es einfach *Burg* genannt. Die Bezeichnung *Neues Palais* kam erst Mitte des 19. Jahrhunderts auf. In dem zunächst von der Gräfin Amalie als Witwensitz genutzten Schloss lebten anschließend noch weitere Mitglieder der gräflichen Familie. Später bewohnten Hofbedienstete und verschiedene Künstler die Burg. 1841 bis 1846 war dort beispielsweise der Erbauer des Hermannsdenkmals, Ernst von Bandel (1800–1876) ansässig.

Schon vor dem Auszug der Familie von Bandel hatte Fürst Leopold II. (1796–1851) – seit 1789 trugen die lippischen Landesherren den Fürstentitel – einen Umbau der inzwischen sanierungsbedürftigen Burg zum Wohnsitz für seinen Sohn und Nachfolger Leopold III. (1821–1875) geplant. Die Verwirklichung der Maßnahme erfolgte zwischen 1847 und 1854. Anstelle der vorherigen Mansarddächer bekam der Mittelbau ein zweites Obergeschoss. Die nun mit dem Hauptgebäude verbundenen Pavillons erhielten aufgesetzte Balustraden. Vor der Eingangsfront wurde der von vier Säulen getragene Altan errichtet. Noch gravierender gestalteten sich die Veränderungen im komplett erneuerten Innenbereich. 1863/1864 entstand auf der Nordseite darüber hinaus der Anbau für einen Speisesaal, der heutige, für Konzerte genutzte Brahms-Saal.

Im Neuen Palais, das nunmehr wie ein italienischer Renaissancepalast anmutete, wohnten bis 1906 Angehörige der Fürstenfamilie. Anschließend vermietet und während des Ersten Weltkrieges als Reserve-Lazarett eingerichtet, übernahm nach dem Ende der Monarchie 1918 der Freistaat Lippe das Gebäude. 1920/1921 wurden dort Teile der Detmolder Museumssammlungen untergebracht. Ab 1946 beherbergte das Neue Palais zugleich die Nordwestdeutsche Musikakademie, inzwischen Hochschule für Musik Detmold, die seit 1953 sämtliche Räume nutzt. Die maroden Balustraden auf den Pavillondächern waren schon 1948/1949 entfernt und durch attikaähnliche Dachabschlüsse ersetzt worden.

Der Palaisgarten

Hinter dem einstigen Barockschloss erstreckte sich ein terrassierter Garten im französischen Stil. Neben Brunnen und Wasserspielen bestimmten dort geometrisch angeordnete Wege und Beete das Bild. Der seit 1919 öffentlich zugängliche Palaisgarten entstand etwa zwischen 1851 und 1860. Um einzelne Bereiche eines ab 1746 am Büchenberg eingerichteten Tiergartens erweitert, hatte Fürst Leopold III. die barocke Anlage zu einem englischen Landschaftspark umgestalten lassen. Weiträumige Rasenflächen sowie Gehölz- und Baumgruppen strukturieren das hügelige, zum Teil künstlich modellierte Gelände, das durch Wasserspeier, Fontänen und Kaskaden belebt wird. Noch aus den 1860er-Jahren stammt das spätklassizistische Gärtnerhaus. Das Gebäude ist heute ebenso Teil der Musikhochschule wie das moderne Konzerthaus, das in den 1960er-Jahren anstelle der früheren Marstall- und Remisenbauten errichtet wurde und das Gesamtensemble um einen modernen architektonischen Akzent bereichert.

Informationen

Entlang eines Spazierweges, der zwischen Fürstlichem Residenzschloss und LWL-Freilichtmuseum Detmold parallel zum Kanal verläuft, erläutern Informationstafeln die Geschichte der Friedrichstaler Anlagen. Die Detmolder Hochschule für Musik lädt regelmäßig zu öffentlichen Konzerten ein, die im Brahms-Saal und Konzerthaus stattfinden.

Anschrift

Hochschule für Musik Detmold
Neustadt 22
32756 Detmold

Gartenseite der heutigen Hochschule für Musik Detmold

Fürstliches Residenzschloss Detmold – Zentrum lippischer Landesherrschaft

Hauptfassade mit charakteristischen Renaissancegiebeln

Nicht nur im Bewusstsein der Bevölkerung, auch in baulicher Hinsicht hat Detmold den Charakter einer Residenz bewahrt, immerhin dehnt sich auf rund einem Viertel der Fläche der historischen Altstadt der Schlossbezirk aus. Über die ursprüngliche Nutzung des Areals ist wenig bekannt. Was die mittelalterlichen Anfänge betraf, vermuten Historiker dort einen Haupthof der Paderborner Bischöfe, die lange Zeit bedeutende grundherrschaftliche Rechte in der gesamten Region besaßen.

Noch vor 1265 erfolgte die Gründung der Stadt Detmold durch die Edelherren zur Lippe, die etwa zeitgleich auf dem jetzigen Schlossgelände ein Festes Haus errichten ließen. 1366 erstmals urkundlich erwähnt, wurde das burgähnliche Gebäude 1447, während der Soester Fehde (1444–1449) erheblich beschädigt. Die ab etwa 1460 unter Bernhard VII. (1428–1511) begonnene Erneuerung setzte sein Nachfolger Simon V. (1471–1536) fort. Am Ende bot die durch mächtige Wälle, Bastionen und breite Wassergräben geschützte Anlage beste Voraussetzungen für einen ständigen Wohn- und Regierungssitz. Schon seit dem Regierungsantritt von Simon V. im Jahre 1511 residierten dort die 1528 in den Grafenstand erhobenen lippischen Herrscher – bis auf Graf Simon VI. (1554–1613), der Lemgo-Brake bevorzugte.

Im Zeichen der Renaissance und des Barock

Das heutige Residenzschloss entstand ab der Mitte des 16. Jahrhunderts. Von Graf Bernhard VIII. (1527–1563) beauftragt, plante der Tübinger Baumeister Jörg Unkair (vor 1500–1553) um 1549 die Umgestaltung der mittelalterlichen Burg. Seinen Entwürfen zum Schloss Neuhaus bei Paderborn entsprechend, konzipierte er eine nahezu rechtwinklige Vierflügelanlage einschließlich Treppentürmen in den Ecken des Innenhofes. Als Jörg Unkair 1553 starb, setzte Cord Tönnies aus Hameln die Arbeiten fort. Er schuf die aufwendiger gestalteten Giebel am Eingangsflügel sowie einen mit Pilastern und Wappenfries verzierten Steingang an dessen Hofseite, der zu den schönsten Zeugnissen der frühen Renaissance im Weserraum zählt. Die Wappen sollen ein Werk des flämischen Künstlers Johann Robyn sein, sie verweisen auf nahe Verwandte und wichtige Verbündete Bernhards VIII. zur Lippe.

Durch mehrfache Regierungswechsel, den Dreißigjährigen Krieg (1618–1648) oder auch Geldmangel zeitweise unterbrochen, zog sich die Vollendung der Bauarbeiten bis ins 17. Jahrhundert hin. Erst ab 1673 entstanden der barocke Südwestflügel sowie der noch fehlende südliche Treppenturm. Etwa 30 Jahre später ließ Graf Friedrich Adolf (1667–1718) die beiden Langflügel im Stil des Barock modernisieren. Erker und Gesimse wurden entfernt, die Fenster verbreitert, und anstelle der Zwerchgiebel entstand ein durchgehendes zweites Obergeschoss mit abgeflachtem Dach.

Dikasterialgebäude, dahinter der Turm der Detmolder Erlöserkirche

Der Rote Saal

Der Schlossplatz

Vom lippischen Landbaumeister Christian Teudt entworfen, erfuhr der Außenbereich des Schlosses im 18. Jahrhundert grundlegende Veränderungen. Schon 1736 hatte Graf Simon August (1727–1782) die gräfliche Meierei nach Johannettental verlegen lassen, die alten Wirtschaftsgebäude wurden später abgebrochen. Zwischen 1780 und 1800 entstanden stattdessen an der Nordseite des Schlossplatzes

Reithaus und Marstall, während Teudt am Ostrand zwei, von einem prächtigen spätbarocken Eisengitter unterbrochene Wagenremisen errichten ließ. Insgesamt sechs Pavillons, in denen Bedienstete und Wachleute wohnten, gliederten die lang gestreckten, im frühklassizistischen Stil gestalteten Neubauten. Erhalten blieb das zum Marktplatz hin gelegene, 1665 für Verwaltungszwecke geschaffene Dikasterialgebäude. Heute sind in den Schlossplatzbauten unter anderem Veranstaltungs- und Geschäftsräume untergebracht.

Parallel zu den Baumaßnahmen wurden die Wälle vor der Hauptfassade des Schlosses abgetragen und der dortige Grabenabschnitt verfüllt. Die gärtnerische Gestaltung des Schlossplatzes begann im 19. Jahrhundert, nach 1850 bekam das Gelände seine heutige Struktur. Baumgruppen, Rasen, Blumenrabatten und Gehölze prägen seither das Areal, das in der Folgezeit mit Brunnen und verschiedenen Denkmälern ausgestattet wurde.

Informationen

Der Schlossplatz ist frei zugänglich.
Im Schloss selbst kann ein Teil der Prunkräume besichtigt werden. Das Angebot umfasst zudem Sonderprogramme, etwa für Kinder, sowie regelmäßige Kulturveranstaltungen und vieles mehr.
Die ehemalige große Schlossküche wird von der Lippischen Gesellschaft für Kunst als Ausstellungsraum genutzt.

Kontakt

Fürstliches Residenzschloss Detmold
Schlossplatz 1
32756 Detmold
Tel. 05231 70020
www.schloss-detmold.de
www.kunstverein-lippe.de

Hofseitiger Steingang der Renaissancezeit

Die Dreckburg, Ansicht von Nordosten

Die Dreckburg – Zurück aus dem Dornröschenschlaf

Östlich der Stadt Salzkotten liegt nahe dem alten Hellweg, heute Bundesstraße 1, die Dreckburg. Die mit „Morast" zu übersetzende Bezeichnung *Dreck* verweist auf ein sumpfiges Areal, das einen gewissen Schutz vor Angriffen versprach und daher gut für die Gründung einer Wehranlage geeignet war. Der Wasserreichtum beeinflusste anscheinend auch die konkreten Planungen: Im Bereich der inneren Burggrafte befindet sich eine Quelle, deren Schüttung immerhin etwa acht bis zehn Kubikmeter pro Stunde beträgt.

Ausreichend Wasser, die verkehrsgünstige Lage, aber ebenso der fruchtbare Lössboden der etwas höher gelegenen Flächen hatten schon in vorgeschichtlicher Zeit Menschen angezogen. Laut archäologischem Befund war das Gebiet im Umkreis der Dreckburg seit Beginn der Eisenzeit vor rund 2750 Jahren nahezu kontinuierlich besiedelt. Während des Spätmittelalters fielen etliche der dortigen Hofstellen jedoch wüst. Vor dem Hintergrund zahlreicher Fehden und der daraus resultierenden Unsicherheit haben viele Landbewohner in befestigten Städten wie Salzkotten Zuflucht gesucht. Oftmals angenommene Verbindungen zwischen der Wüstung Drever und der vergleichsweise entfernt gelegenen Dreckburg bestehen indes nicht, als deren Vorgängersiedlung gilt vielmehr das benachbarte, ebenfalls aufgegebene Othelmestorp.

Grenzfeste mit Kontrollfunktion

Die Dreckburg wurde möglicherweise anstelle einer vorherigen Turmhügelburg um etwa 1358/1360 als gotischer Wohnturm errichtet. Bauherr war der Paderborner Dompropst Otto von Bentheim (1327–1379). Die Maßnahme zielte vor allem auf den Schutz der Landesgrenze gegenüber dem angrenzenden, auf eine Ausweitung seines Territoriums bedachten Erzstift Köln. In Krisenzeiten zugleich Rückzugsort für die Domherren, erleichterte die „Drecborch" darüber hinaus die Kontrolle des Hellwegs und die Bewirtschaftung der domkapitularischen Güter. Schließlich verfügte das Domkapitel, von Eigentumsrechten am Salzwerk abgesehen, im Raum Salzkotten über reichen Besitz.

1386 erstmals urkundlich genannt, war die Dreckburg regelmäßig an verschiedene regionale Adelsfamilien verlehnt. Die Besitzerwechsel gingen häufig mit baulichen Veränderungen einher. Schon zum Ende des 14. Jahrhunderts erfolgten die Errichtung einer Vorburg und eines Mauerrings um den Burghof, nach 1516 wurde in weitem Abstand um die Gesamtanlage eine zweite Gräfte gezogen. Besonders bemerkenswert ist das renaissancezeitliche Wanddekor des Rittersaals. Die um 1550 entstandene Malerei greift das Thema „Jungbrunnen" auf. Die Arbeit eines unbekannten Meisters gilt als einzige noch erhaltene Jungbrunnen-Darstellung nördlich der Alpen.

1590 fiel die Dreckburg als Lehen an Wilhelm von Schilder, der einen ersten westlichen Anbau vornehmen ließ. 1676 erwarb ein Nachfahre die im Dreißigjährigen Krieg (1618–1648) unversehrt gebliebene Anlage für 6600 Taler. Danach wurden die Ringmauern teilweise abgebrochen, doch erst während des 18. Jahrhunderts kam es zu grundlegenden Modernisierungen. 1728/1729 gelangten Burg und Gutshof im Rahmen einer Versteigerung an den Osnabrücker Domherrn und späteren Paderborner Fürstbischof Wilhelm Anton von der Asseburg (1707–1782), der mutmaßlich Franz Christoph Nagel (1699–1764) mit der Erweiterung der Anlage beauftragte. Unter Einbeziehung noch vorhandener Abschnitte der Wehrmauer wurde zwischen 1729 und 1767 der Westflügel ausgebaut, zudem entstand der Ostflügel samt repräsentativem Portal und Kapelle.

Erneuerung im Zeichen von Geschichtsvermittlung und Kultur

1782 fiel die Dreckburg im Erbgang an die Familie von Westphalen, die den zuvor verpachteten Gutsbetrieb ab 1896 selbst bewirtschaftete. Schon während der 1860er-Jahre waren der ursprünglich fünfgeschossige Wohnturm um ein Stockwerk reduziert und die neuen Turmgiebel in Fachwerkbauweise errichtet worden. Im Jahr 2000 erwarb die Stadt Salzkotten das Anwesen einschließlich der Wirtschaftsbauten, die heute der städtische Bauhof nutzt.

2002 kauften Erhard Christiani (1939–2017) und seine Frau die Burg. Bis 2008 wurden das seit langem leerstehende Gebäude denkmalgerecht saniert und auch die an der Nordseite verfüllte Gräfte nebst Bogenbrücke wiederhergestellt. Zusammen mit dem Architekten- und Künstlerpaar zog danach kulturelles Leben ins alte Gemäuer ein. Seit 2018 in neuer Hand, dient die Dreckburg inzwischen nur noch privaten Wohnzwecken.

Informationen
Die Burg kann nicht besichtigt werden. Im ehemaligen Wirtschaftshof finden gelegentlich Konzertveranstaltungen statt.

Anschrift
Dreckburg
Dreckburg 1
33154 Salzkotten

Kontakt
Salzkotten Marketing e. V.
Marktstr. 8
33154 Salzkotten
Tel. 05258 5070
www.salzkotten-marketing.de

Gräfte, Wohnturm und Barockgebäude

Burg Dringenberg, Vorderansicht

Burg Dringenberg – Amtshaus und fürstbischöfliche Residenz

Der Bergrücken oberhalb des Ösetals schien wie geschaffen zur Gründung einer Stadt, der alsbald erhebliche Bedeutung beim Ausbau der Landesherrschaft der Paderborner Fürstbischöfe zukam. 1316 erwarb der Dompropst Bernhard zur Lippe (1277–1341), seit 1321 als Bernhard V. Paderborner Fürstbischof, die Freigrafschaft Dringen und schenkte sie 1318 dem Bistum. Eine ebenfalls in den Jahren errichtete Burg schien bereits 1323 weitgehend fertiggestellt. Zu jenem Zeitpunkt erwähnen Schriftquellen dort einen Amtmann, im selben Jahr erhielt Dringenberg Stadtrechte.

Die erste Wehranlage war offenbar von einer einfachen Holz-Erde-Befestigung umgeben, die gegen 1350 durch Mauern ersetzt wurde. Schon damals sind für Dringenberg zentrale Verwaltungsfunktionen nachweisbar. Ab den 1380er-Jahren namentlich bekannt, stand ein adeliger, seit der Frühen Neuzeit allerdings meist auf eigenen Gütern ansässiger Landdrost an der Spitze der Administration des Oberamtes Dringenberg, das fast das gesamte heutige Kreisgebiet Höxter umfasste. Hinzu kam der bürgerliche Rentmeister, der, durch weitere Bedienstete unterstützt, in der Burg arbeitete und dort auch lebte. Neben der Abgabenerhebung waren die fürstbischöflichen Beamten für rechtliche Angelegenheiten und vieles mehr zuständig.

Wechselvolle Zeiten

Anhand der Wappen der fürstbischöflichen Bauherren nachvollziehbar, erlebte die Burg etliche Umgestaltungen. Eine grundlegende Erneuerung von Ringmauer, Wehrturm, Torhaus und Kapelle beauftragte bereits Simon III. zur Lippe (1430–1498). An ihn erinnert ein Wappenstein mit der Jahreszahl 1489, der sich hofseitig über einem zugemauerten Spitzbogenportal am Südflügel befindet. Simon III. und ebenso Rembert von Kerssenbrock (1474–1568), der zwischen 1548 und 1551 weitere Modernisierungen veranlasste, residierten zeitweilig auf der Burg Dringenberg. Beide Fürstbischöfe sind auch dort verstorben.

Nach Beschädigungen während des Dreißigjährigen Krieges (1618–1648) erfolgte ab 1651 eine teilweise Wiederherstellung unter Fürstbischof Dietrich Adolf von der Recke (1601–1661), der die weiterhin als Verwaltungssitz genutzte Burg darüber hinaus zur Sommerresidenz ausbaute. Nicht wieder erneuert wurde der Ostflügel. An seinen noch erhaltenen Außenmauern entstand erst später ein in Fachwerk errichtetes Wirtschaftsgebäude, das heute von Dringenberger Vereinen genutzt wird. Bauherr war Franz Arnold von Wolff-Metternich zur Gracht (1658–1718), der zwischen 1710 und 1712 zusätzliche Renovierungen vornehmen ließ und auch den Westflügel vollendete.

Fischblasenmaßwerk und fürstbischöfliches Wappen am Standerker

Informationen
Die Außenbereiche der Burg sind frei zugänglich.
Führungen sind während der Öffnungszeiten des Museums oder nach
Absprache möglich. Die Burgkapelle steht für Trauungen zur Verfügung.
Über die Kunstausstellungen informiert der Kulturverein ARTD Driburg e. V.

Kontakt
Heimatverein Dringenberg
Burgstraße 33
33014 Bad Driburg
Tel. 05259 1254
www.heimatverein-dringenberg.de

Kulturverein ARTD Driburg e. V.
www.artdriburg.com

Im Zuge der Säkularisierung 1802/1803 wurde die Anlage nebst zugehörigen Ländereien zur staatlichen Domäne. 1825 erwarb die Stadt Dringenberg die Burg, die nach 1846 die frühere Mädchenschule beherbergte, 1857/1858 die Verwaltung des neu gebildeten Amtes Dringenberg-Gehrden (bis 1975) aufnahm und später zeitweise als Obdachlosenunterkunft diente. Zwischen 1983 und 2006 wurden abschnittsweise umfassende Sanierungen durchgeführt. Die Federführung lag beim örtlichen Heimatverein, der in der Burg ein Museum betreibt. Wechselnde Kunstausstellungen sorgen dort ebenfalls für Aufmerksamkeit.

Eine Burg wie aus dem Bilderbuch

Vor allem die zum Ort hin orientierte Ansicht bestimmt das Bild der über unregelmäßigem Grundriss errichteten Ringmaueranlage, die im Süden und Osten von einem breiten, mittels Steinbrücke passierbaren Trockengraben umgeben ist. Der Weg zum Hof führt durch das Torhaus, dessen Fassade der dreiviertelrunde Apsiserker der Burgkapelle betont. An der Außenseite des westlich anschließenden, um 1550 modernisierten Südflügels setzt ein mehrgeschossiger Standerker einen repräsentativen Akzent. Der Gewölbekeller unter dem südlichen Trakt stammt noch aus der Gründungsphase der Burg. Miteinander verbunden, bilden Süd- und Westflügel einen Binnenwinkel, den ein Treppenturm markiert. Die nördliche Ringmauer, die zur Hofseite große Blendbögen aufweist, blieb von weiterer Bebauung frei. Wehrturm und einstiges Ökonomiegebäude prägen hingegen die Ostseite des Innenhofes, wo auch der rund 40 Meter tiefe Brunnen aus der Entstehungszeit der Burg ins Auge fällt.

Auf der ehemaligen, der Burganlage vorgelagerten „Freiheit" standen einst landwirtschaftliche Gebäude. Inzwischen dehnt sich dort eine Grünfläche aus. An die Abgabenpflichten früherer Zeiten erinnert indes noch die 1682 unter Fürstbischof Ferdinand von Fürstenberg (1626–1683) als Massivbau erneuerte Zehntscheune, die 1988 um ein zweites Gebäude ergänzt wurde und heute als Stadthalle genutzt wird.

Ehemalige Zehntscheune

Innenhof, Teile von Osttrakt und Südflügel

Die Falkenburg – Eine der größten Dynastenburgen Westfalens

Niedrige Mauern, die an einigen Stellen aus der Erde ragten, und ein verfallender Bergfried – mehr war lange Zeit nicht von der Falkenburg zu sehen. Da auch den letzten Resten der einstigen lippischen Landesburg die Zerstörung durch Witterungseinflüsse und Vandalismus drohte, musste etwas passieren. Recht schnell einigte sich die Eigentümerfamilie zur Lippe mit Vertretern der Denkmalpflege und weiteren Beteiligten auf ein Konzept zur Sicherung der Anlage. 2004 wurde der Verein *Die Falkenburg e. V.* gegründet, der die Realisierung der Pläne unterstützen sollte. Noch im selben Jahr erfolgten eine Bestandsdokumentation und die Vermessung des Areals. Schon 2005 fanden die ersten Ausgrabungen statt, parallel dazu begannen die notwendigen Sanierungsmaßnahmen.

Archäologische Spurensuche

Schicht für Schicht befreiten die Archäologen die noch vorhandenen Mauern und Fundamente von Erde und Schutt. Was sie entdeckten, übertraf ihre kühnsten Erwartungen. Große Teile der früheren Baulichkeiten waren besser erhalten als angenommen, letztlich gelang die Ermittlung des nahezu kompletten Grundrisses. Die aus Vorburg, Hauptburg und Zwinger bestehende Anlage umgab eine mächtige Ringmauer, zusätzlichen Schutz bot ein tiefer Trockengraben nebst Außenwall. Für das Überwachen der Zuwegung sorgte der Bergfried. Im Innenbereich stießen die Wissenschaftler auf die Reste von teilweise unterkellerten Wohn- und Wirtschaftsgebäuden, deren einstige Funktion sich größtenteils klären ließ. Auch der Brunnen, der bereits 1409 in Verbindung mit dem Kauf eines entsprechenden Seils Erwähnung gefunden hatte, wurde freigelegt.

Freigelegte und gesicherte Mauerzüge der Falkenburg samt Bergfried

Die baulichen Strukturen liefern ebenso wie das zutage geförderte Fundmaterial ein facettenreiches Bild der Arbeits- und Lebenswelt der ehemaligen Burgbewohner. Neben Werkzeugen, Haushaltsgerät und Gefäßen umfasste das Spektrum Jagd- und Reitzubehör, Waffen, Münzen, Schmuck, Siegelstempel und Pilgerzeichen. Bodenbelag-, Fensterglas- und Ofenkachelfragmente gaben Hinweise zur früheren Ausstattung der Gebäude, während Würfel, Kegel und Spielzeugpferdchen Rückschlüsse auf die einstigen Freizeitvergnügen von Kindern und Erwachsenen erlaubten. Ein Highlight war eine filigran gearbeitete Schachfigur aus Knochen. Die zwar unvollständige, aber eindeutig mit Insignien eines Erzbischofs versehene Läufer-Figur konnte dem späten 12. Jahrhundert zugeordnet werden. Als geradezu kleine Sensation entpuppte sich der auf den ersten Blick wenig spektakuläre Fund einer winzigen Scherbe Raqqa-Keramik, wie sie zu Beginn des 13. Jahrhunderts im Vorderen Orient hergestellt wurde. Dass

Die strategisch günstige Lage der Burg ermöglichte weite Blicke ins Land

derartige Luxusgüter vom Nahen Osten bis in den Teutoburger Wald gelangten, bezeugt die weitreichenden Beziehungen der damaligen Zeit.

Zur Geschichte der Falkenburg

2018 endeten die Grabungs- und Sicherungsarbeiten an der strategisch günstig auf einer Bergkuppe oberhalb des Detmolder Ortsteils Berlebeck gelegenen Falkenburg. Die Anlage, eine der größten Dynastenburgen Westfalens, war um 1194 von Bernhard II. zur Lippe (um 1140–1224) und seinem Sohn Hermann II. (um 1170–1229) errichtet worden. Eigentlich im Raum Lippstadt ansässig, boten sich den Edelherren damit Möglichkeiten, ihre Einflusssphäre auf die Region östlich des Teutoburger Waldes auszudehnen. Nach einer 1344 erfolgten Landesteilung wurde das Gebiet, das heute etwa dem Kreis Lippe entspricht, zum Kernbereich der lippischen Herrschaft, während die ursprünglichen Besitzungen weitgehend verlorengingen.

Nahe alter Wegführungen erbaut, entwickelte sich die zeitweise verpfändete Falkenburg neben ihrer Funktion als Herrschaftssitz zum Verwaltungszentrum und Gerichtsort für die Dörfer der Umgebung. Versuche, das überaus wehrhafte Bauwerk einzunehmen, misslangen sowohl in der Soester Fehde (1444–1449) als auch während der 40 Jahre zuvor vom Zaun gebrochenen Eversteiner Fehde (1404–1409). Im Gegenteil: 1404/1405 hatte Bernhard VI. zur Lippe (um

1370–1415) dort den Welfenherzog Heinrich von Braunschweig und Lüneburg samt etlicher Gefolgsleute mehrere Monate gefangen gehalten. Erhebliche Zerstörungen verursachte jedoch ein Feuer, das 1453 bei einem Festmahl ausgebrochen war. Danach erneuert, verlor die Anlage mit dem Ausbau der Detmolder Wasserburg zur Residenz wenig später ihre Bedeutung. Die Falkenburg verfiel allmählich und wurde schließlich als Steinbruch für den Haus- und Chausseebau genutzt. Am Ende bedeckte Wald das Areal, das seine Geheimnisse erst wieder im 21. Jahrhundert preisgegeben hat.

Informationen
Die frei zugängliche Falkenburg ist von Berlebeck oder Holzhausen-Externsteine über Wanderwege erreichbar.
Öffentliche und private Führungen sowie Rundgänge mit thematischen Schwerpunkten bietet der Verein Die Falkenburg e. V. an.

Kontakt
Die Falkenburg e. V.
www.falkenburg-lippe.de

Herrenhaus des Gutes Hiddenhausen, erbaut um 1665

Gut Hiddenhausen – Neue Ideen für einen alten Amtssitz

Üppige Blumenpracht und ein weitläufiger, von alten Solitärbäumen bestimmter Landschaftspark prägen das Ambiente des Gutes Hiddenhausen, dessen vollständig erhaltener und unverbauter Gebäudebestand aus der Barockzeit in Ostwestfalen-Lippe seinesgleichen sucht. Wegen seiner bau- aber auch verwaltungsgeschichtlichen Bedeutung wurde das gesamte Anwesen 1985 unter Ensembleschutz gestellt.

Der Ursprung der Anlage ist eng verbunden mit der weit zurückreichenden Geschichte des Meierhofes Hiddenhausen, der zur Reichsabtei Herford gehörte und an Adelige verlehnt war. Schon im Hochmittelalter verfügten die Lehnsinhaber über einen zusätzlichen Wohnsitz nördlich der Hiddenhauser Kirche. Um 1320 gründete die Herforder Äbtissin Irmgard von Wittgenstein dort ein Gut, dem sie etwa die Hälfte der Meierhof-Fläche zuschlug. Gegen 1438 erwarb der Ravensberger Drost Lüdeke Nagel (um 1395–1465) die zuvor verschiedenen Herforder Dienstmannen als Lehen aufgetragene Besitzung.

1647 verstarb der letzte Angehörige der Familie Nagel kinderlos, danach fiel das Rittergut im Erbgang einer entfernten Verwandten zu. Die Verwaltung übernahm Otto Consbruch (1614–1678), der schon Ende 1641 den angrenzenden Meierhof gepachtet hatte und damit wiederum 1647 von der damaligen Äbtissin des Stiftes Herford belehnt worden war. Ab 1649 Amtmann zu Enger, so sein seit 1662 offizieller Titel, erwarben Otto Consbruch und dessen Sohn Heinrich Dietrich (1642–1705) peu à peu Anteile am Gut Hiddenhausen samt zugehöriger Rechte. 1701 war der Kauf offenbar abgeschlossen, seitdem gehört der Besitz der 1888 in den Adelsstand erhobenen Familie.

Mittelpunkt der Amtsverwaltung

Die aus Brockhagen bei Gütersloh stammende Familie Consbruch ist seit 1610 in Hiddenhausen nachweisbar. Zu jener Zeit wurde Theodor Consbruch (1587–1633) mit der Verwaltung der Vogtei Enger betraut, als Amtssitz diente die Wasserburg Bustedt. Ein dortiger Besitzerwechsel nach dem Dreißigjährigen Krieg (1618–1648) könnte eine Verlagerung der Administration ins benachbarte Hiddenhausen veranlasst haben. Damit einher ging der Bau des heute noch bestehenden Herrenhauses, der 1665 vollendet war.

Über mehrere Generationen hinweg fungierten die Consbruchs als Amtmänner, und auch nachdem das Alte Reich 1806 zusammengebrochen war, bekleideten Angehörige der Familie hohe Positionen im Staatsdienst. Ihre Tätigkeit unterschied sich allerdings grundlegend vom Aufgabenspektrum der frühneuzeitlichen

Amtsleute, die rechtliche Angelegenheiten regelten, aber ebenso die bäuerlichen Dienstpflichten und Abgaben einzufordern hatten. Die Bezeichnung *Amtshaus* verweist auf die administrative Bedeutung von Haus Hiddenhausen, so ein weiterer Name. Nicht zuletzt spiegelt der Hof selbst mit seinen drei großen Zehntscheunen den einst herausgehobenen Rang des Gutes innerhalb der vormodernen Verwaltung wider.

Café Alte Werkstatt

Herrenhaus, Scheunen und Alte Werkstatt

Zum Aussehen der mittelalterlichen Anlage liegen bislang keine Nachrichten vor. Die jetzigen Bauten stammen aus dem 17. und 18. Jahrhundert. Bei der Errichtung des um 1665 entstandenen Herrenhauses wurden Hölzer eines nicht genau zu lokalisierenden Vorgängerbaus verwendet, über den es in einer Notiz von 1690 heißt: „Dieses adlige Haus, so nahe bei der Kirche gelegen, ist ganz verfallen."

Das zweigeschossige Herrenhaus, ein schlichter Putzbau, bildet das Zentrum des ansonsten von Fachwerk dominierten Gebäudekomplexes. Die axial ausgerichtete Zufahrt flankieren zwei langgestreckte, 1723 und 1742 erbaute Scheunen. 1997 zog dort das mit vielfältigen Programmen aufwartende *Erlebnismuseum des Holzhandwerks in Hiddenhausen* ein. Der dritte, dem Herrenhaus radial zugeordnete Scheunenbau von 1764 beherbergt seit 2002 die *KulturWerkstatt Hiddenhausen*, wo Kinder und Erwachsene handwerkliches Geschick und Kreativität entfalten können. Hinzu kommen kleinere Nebengebäude sowie die Orangerie, die nach behutsamer Umgestaltung den Charakter eines Torhauses hat.

Als etwas Besonderes gilt die alte Remise, die oberhalb einer kleinen, öffentlich zugänglichen Parkanlage steht. 2011/2012 wurde das Gebäude von Grund auf saniert, um dort ein Café einzurichten. Unterstützung leisteten dabei auch junge Männer, denen die Ausbildungs- oder Arbeitsplatzsuche zuvor Probleme bereitet hatte. Integration spielt ebenso beim Betrieb des *Cafés Alte Werkstatt* eine Rolle, in dessen Abläufe Hauswirtschaftsschülerinnen und -schüler mit sonderpädagogischem Förderbedarf eingebunden sind.

Informationen

Die Garten- und Parkanlage kann zu bestimmten Anlässen sowie nach Absprache besichtigt werden (Kontakt über das Café Alte Werkstatt). Holzhandwerkmuseum, KulturWerkstatt und das Café Alte Werkstatt stehen Besuchern offen.

Anschrift
Gut Hiddenhausen
Maschstraße 16–18
32120 Hiddenhausen

Holzhandwerkmuseum
Tel. 05223 84882
www.holzhandwerks
museum.de

Kontakt
Café Alte Werkstatt
Gartenbesichtigungen
Tel. 0172 5249499
www.cafe-hiddenhausen.de

KulturWerkstatt
Tel. 05223 9859880
www.kuwehi.de

Blütenpracht hinter der alten Orangerie

Schloss Holte – Ehemaliges Jagdschloss in der Senne

Die Spiegelung in der Gräfte verstärkt die Wirkung des einstigen Jagdschlosses Holte, das mit seiner leuchtend gelben Fassade und der eigenwilligen Architektur Aufmerksamkeit erregt. Spätestens im 15. Jahrhundert, wahrscheinlich aber schon früher bestand an der Stelle eine Wehranlage der Grafen von Rietberg. Der vom Haus Werl-Arnsberg abgespaltenen Nebenlinie waren auf der Grundlage einer Erbvereinbarung die nördlich der Lippe gelegenen Familiengüter als Abfindung zugefallen. Seit einem 1237 geschlossenen Teilungsvertrag benannte sich der neue Zweig der Arnsberger Grafen nach der um 1100 gegründeten Burg „Rietbike". Das nunmehr eigenständige Territorium wurde 1353 per Diplom König Karls IV. (1316–1378) zur Freigrafschaft erklärt.

Mit Johann II. (nach 1523–1562), der über seine Mutter auch das friesische Harlingerland erworben hatte, starb die männliche Linie des Rietberger Grafenhauses aus. Der wegen seiner Streitsucht als „Toller Johann" bezeichnete Regent war ein schwieriger Zeitgenosse, der nicht nur die Anrainer seines norddeutschen Besitzes herausforderte, sondern ebenso in der Grafschaft Rietberg für Ärger sorgte. Nachdem er den dortigen Rentmeister wegen vermeintlicher Unregelmäßigkeiten ohne Prozess hatte hinrichten lassen, überfielen dessen Familie und ihre Verbündeten vom benachbarten lippischen Gebiet aus das Rietberger Territorium. Johann revanchierte sich, indem er unter anderem die Burg Lipperode plünderte. Daraufhin ließ Graf Bernhard VIII. zur Lippe (1527–1563) im Herbst 1556 die Rietberger Residenz belagern und die Burg Holte niederbrennen. Johann II. von Rietberg wurde gefangen genommen und in Köln inhaftiert, wo er verstarb.

Wiederaufbau als Jagdschloss

Rund 50 Jahre nach der Zerstörung der im Holter Wald gelegenen Burg erfolgte die Erneuerung als Jagdschloss durch Graf Johann III. von Ostfriesland (1566–1625), der 1601 mit päpstlicher Genehmigung seine Nichte Sabina Catharina von Rietberg (1582–1618), Enkelin des „Tollen Johann" und Begründerin der Linie Rietberg-Ostfriesland, geheiratet hatte. Laut Torinschrift bis 1616 verwirk-

Bild oben: Südwestliche Ansicht

Bild links: Schloss Holte, Westseite

licht, war die Gesamtanlage, zu der auch eine 1607 errichtete Kapelle gehörte, das Ergebnis eines selbst für die Spätrenaissance ungewöhnlichen Architekturkonzeptes.

Auf einer nahezu sechseckigen Gräfteninsel entstand in gleicher Form ein Mauerring, dessen Ecken gedrungene polygonale Türme markierten, nur noch zwei davon sind weitgehend unverändert erhalten. Das über rechteckigem Grundriss erbaute einflügelige Hauptgebäude erscheint zur Gartenseite eher schlicht. Umso auffälliger präsentiert sich die Eingangsfront mit ihren beiden wuchtigen

quadratischen Seitentürmen sowie dem schlankeren, dafür aber etwas höheren achteckigen Treppenturm, der um 1719 anstelle eines niedrigeren Vorgängers errichtet worden war. Die barocken, von Laternen bekrönten Schweifhauben verstärken die Imposanz der drei Turmbauten.

Besitzerwechsel, Verfall, Erneuerung

Auf der Grundlage einer 1697 getroffenen „Eheberedung" fiel die Grafschaft Rietberg 1699 an die mährische Linie der Grafen und späteren Fürsten von Kaunitz, die allerdings vorwiegend am Wiener Kaiserhof lebten und daher das Territorium durch Beamte verwalten ließen. Ab 1807 dem Königreich Westphalen angegliedert, fiel die Grafschaft 1815 Preußen zu, blieb aber vom Status her eine mit bestimmten Privilegien verbundene Standesherrschaft. 1822 veräußerte Fürst Aloys von Kaunitz (1774–1848) seinen gesamten Rietberger Besitz an den Osnabrücker Kaufmann Friedrich Ludwig Tenge (1793–1865), der das stark vernachlässigte Jagdschloss Holte großzügig umbauen und die zuvor schmale Gräfte zum Teich erweitern ließ.

Auf dem südlich des Schlosses gelegenen Gartenareal errichtete der vielseitige Unternehmer darüber hinaus zwischen 1839 und 1842 eine Eisenhütte, die bis 1966 in Betrieb war. Die Gebäude wurden Ende der 1970er-Jahre größtenteils abgerissen. Aus der Holter Hütte stammen auch die spätklassizistischen Brückengeländer der Zufahrt zum Schloss, das sich während der Revolutionsjahre um 1848 zu einem Treffpunkt für zahlreiche Demokraten entwickelt hatte.

Als Ausgleich für die verlorene Gartenfläche entstand an der Nordseite der Schlossanlage ein Damm nebst einer, zu einem kleinen Landschaftspark ausgestalteten Insel. Dabei sind Abschnitte der Ringmauer sowie zugehörige Eckpavillons entfernt worden, die übrigen Mauern wurden später überbaut. Die eingeschossigen Gebäude und auch das Schloss beherbergen heute Wohnungen. Eigentümerin des Gesamtkomplexes ist nach wie vor die Familie Tenge-Rietberg.

Informationen
Schloss Holte wird privat bewohnt und ist nicht öffentlich zugänglich. Bei Stadtführungen können Innenhof und Kapelle besichtigt werden.

Anschrift
Schloss Holte
Am Schloss 1
33758 Schloß Holte-Stukenbrock

Kontakt
stadtfuehrer-shs@t-online.de
Tel. 05207 9553704

Schloss Holzhausen – KulturGut am Rand der Steinheimer Börde

Windwiege, Parkettinsel, ein Schiff im Dach und weitere Installationen stehen in Wechselwirkung zur Landschaft, die der Nieheimer Kunstpfad auf besondere Weise erschließt. Start- und Endpunkt ist die historische Stieleichenallee, die einst Dorf und Gut Holzhausen verband. Seit 2004 als Naturdenkmale ausgewiesen, sind die rund 400 Jahre alten Baumveteranen lebendige Zeugen der örtlichen Geschichte, die mindestens bis in die Epoche Bischof Meinwerks von Paderborn (um 975–1036) zurückverfolgt werden kann.

Während des 13. Jahrhunderts befand sich Holzhausen im Besitz eines niederadeligen, nach dem Ort benannten Geschlechts, das zur Gefolgschaft der Schwalenberger Grafen gehörte. 1312 errichteten die Brüder Roland, Florencius und Burchhard von Holzhausen dort eine Burg. Ob es einen Vorgängerbau gab, ist nicht bekannt. Nach dem Aussterben der Familie fielen die Güter 1484 als Paderborner Lehen an die von der Borch, die in fürstbischöflichen Diensten standen, aber auch den Edelherren zur Lippe eng verbunden waren. Unter anderem zählte die aus der Nähe der Stadt Geseke stammende Familie zur Mann-

schaft der Burg Detmold. Ihr dortiger „Borghof" wurde jedoch beim Ausbau der landesherrlichen Befestigungsanlage zum Renaissanceschloss um 1550 abgerissen. Als Entschädigung erhielten die von der Borch, die nach 1493 gelegentlich auch auf der Falkenburg gewohnt hatten, einen Adelssitz im Bereich der heutigen Detmolder Martin-Luther-Kirche. Etwa ab dem frühen 17. Jahrhundert waren deren Nachfahren bereits zeitweise in Holzhausen ansässig. Mehrfach fiel das Gut jedoch durch Erbgang an Zweige des Hauses, die andernorts lebten. 1791 hat schließlich die Familie von der Borch zu Langendreer das Anwesen dauerhaft übernommen.

Ein Schloss im Stil des Klassizismus

Nachdem ein Brand das vormalige Burggebäude vernichtet hatte, beauftragte Adrian Alhard von der Borch (1769–1833) den Architekten Wilhelm Karl Hilsner mit der Errichtung eines neuen Herrenhauses. Zwischen 1801 und 1809 schuf der Kasseler Baumeister eines der wenigen Beispiele klassizistischer Schlossarchitektur in der Region. Als verputzter Bruchsteinbau ausgeführt,

Schloss Holzhausen, erbaut zwischen 1801 und 1809

entstand ein elfachsiges Rechteckgebäude, über dem sich ein flaches, durch Okuligauben belebtes Walmdach erhebt. Die Kugelverzierung der Schonsteine wurde 1910 hinzufügt. Gleiches gilt für den anstelle eines vormaligen Balkons ergänzten Säulenaltan, der zusammen mit der von vier Vasen bekrönten Sandsteinattika die Mittelachse betont.

Vor dem Eingangsbereich erstreckt sich ein durch Futtermauern eingefasster Freiraum, dessen Größe und Form der Grundfläche des Hauses entspricht. Eine viereckige Gräfte umfasst das Gesamtgebilde. Von einem zweiten Wassergraben sind noch südlich und westlich der Anlage Abschnitte vorhanden. Die abgeflachten Wälle zwischen beiden Gräftensystemen waren in früheren Zeiten vermutlich gärtnerisch gestaltet, Belege dafür gibt es bislang nicht. An einen terrassierten Rosengarten, der im beginnenden 20. Jahrhundert östlich des inneren Grabens bestanden hat, erinnern Treppen und das runde Wasserbecken unterhalb der Stufenanlage.

Scheunen mit Taubenturm

Kulturelles Leben in Stall und Scheunen

Von der Vorburg, die sich einst nördlich der heutigen Schlossanlage ausdehnte, blieb ein verputzter Bruchsteinbau mit Fachwerkobergeschoss und der Jahreszahl 1572 erhalten. Die Rentei ist das älteste Gebäude des später erweiterten, von niedrigen Mauern umschlossenen Wirtschaftshofes, der aus einem einmaligen Ensemble historischer Bauten besteht. Auch die teilweise verputzten Bruchsteinscheunen gehen im Kern auf das 16. Jahrhundert zurück. Mit ihren imposanten Fachwerkgiebeln bestimmen sie ebenso das Bild wie der große Schaf- und Bullenstall von 1813 oder das um 1800 errichtete Verwalterhaus. Als Kuriosum erscheint aus heutiger Sicht der Taubenturm. Laut Jahreszahl 1715 entstanden, erinnert das mit einem Kegeldach versehene Bauwerk an ein früheres Privileg des Adels, der allein das Recht besaß, die als Getreideschädlinge geltenden Tauben zu halten.

Heute ist Gut Holzhausen ein moderner land- und forstwirtschaftlicher Betrieb, der bereits seit 1956 nach Demeter-Richtlinien arbeitet. Allerdings gedeihen dort nicht nur Feldfrüchte, Getreide und Rinder, kulturelle Aktivitäten fallen ebenfalls auf fruchtbaren Boden. Das zeigen der Kunstpfad, aber auch Lesungen und Ausstellungen oder Veranstaltungen wie das internationale Musikfestival *Voices*, die in den für entsprechende Nutzungen ausgebauten historischen Wirtschaftsgebäuden stattfinden.

Informationen

Der Kunstpfad ist auf eigene Gefahr ganzjährig begehbar.
Das privat bewohnte Schloss kann nicht besichtigt werden.
Von kulturellen Veranstaltungen abgesehen, stehen die umgebauten Scheunen und Stallgebäude auch für Tagungen, Seminare und private Feiern zur Verfügung.

Kontakt

Freiherr von der Borch'sche Verwaltung
Gut Holzhausen
Gutshof 1
33039 Nieheim
Tel. 05274 98910
www.gut-holzhausen.de
www.nieheimer-kunstpfad.de

Burg Horn – Blütenzeiten, Verfall, Neubeginn

Etwa gegen Mitte des 13. Jahrhunderts gründete der lippische Edelherr Bernhard III. (um 1194–1265) über einem bereits bestehenden Kirchdorf die Stadt Horn, die sich anhand der Schriftquellen erstmals 1248 nachweisen lässt. Da die dortige Burg Teil der Stadtbefestigung war, wird ihre Errichtung in die gleiche Zeit datiert. Als „steinernes Haus" bezeichnet, wurde die Anlage 1330 erstmalig direkt erwähnt im Zusammenhang mit Steuerbefreiungen für die Wohnstätte des Rektors einer Marienkapelle. Simon I. zur Lippe (um 1260–1344) und seine Frau Adelheid von Waldeck († 1339/1342) hatten das Gotteshaus 1326 gestiftet. Der später oft verwendete Begriff Hofkapelle verweist auf einen allerdings unbekannten Standort nahe der Burg.

Nach der Landesteilung von 1344 nahm Bernhard V. zur Lippe (um 1290– vor 1365), ein Sohn Simons I., die Burg Horn. Laut Inschrift an der Südfassade ließ der Edelherr, dem ansonsten die schwerpunktmäßig um Lippstadt und Rheda gelegenen Besitzungen „jenseits des Waldes" per Losentscheid zugefallen waren, 1348 bauliche Veränderungen vornehmen, vermutlich plante er eine Nutzung als Residenz. Später diente die Anlage zur Versorgung seiner Witwe Richarde von der Mark († um 1378). Burgmannen lebten dort nicht. Die 1344 bis 1556 mit entsprechender Funktion betraute Ministerialenfamilie Bose bewohnte einen Hof im Bereich der Kirche. In militärischer Hinsicht eher unbedeutend, entwickelte sich die Burg ab dem 14. Jahrhundert zum Verwaltungsmittelpunkt für die Kirchspiele Horn, Meinberg und Schlangen. Was die Politik der lippischen Edelherren und – seit 1528 – Grafen anging, spielte das *Amtshaus,* so die nunmehr gebräuchliche Bezeichnung, keine Rolle mehr.

Modernisierung im Zeichen des Barock

Erst im 17. Jahrhundert rückte die Burg Horn wieder ins Blickfeld landesherrlichen Interesses. 1652 beauftragte Graf Hermann Adolph zur Lippe (1616–1666) Modernisierungen und Erweiterungen des Gebäudes, das zwar nur für gelegentliche Aufenthalte genutzt, aber dennoch zeitgemäß ausgestattet werden sollte. Aus damaliger Sicht ungemein fortschrittlich waren etwa die vier „Sekrete": In die dicken Mauern gebrochene Toilettenanlagen, die über Abflüsse zum Burggraben verfügten. Leicht zurückversetzt, entstand darüber hinaus an der Ostseite ein Anbau, wegen der noch vorhandenen Herdstelle Back- und Brauhaus genannt. Das wichtigste Element war indes der 1659 vollendete Turm mit seinem aufwendig gestalteten Hauptportal sowie dem eindrucksvollen Treppenhaus, das als eines der bedeutendsten Zeugnisse des Frühbarock in Lippe gilt. Das Turmdach hatte der Zimmermeister Emanuel Brandt zu einer von Balustraden umgebenen Aussichtsplattform gestaltet, über der sich eine Welsche Haube erhob. Auch der alte Kernbau erhielt ein neues Dach, die mittelalterliche Marienkapelle wurde abgebrochen.

Burg Horn, Vorderansicht

Barockes Treppenhaus

Vom Ende des Ersten Weltkrieges bis 1925 Jugendherberge, sollte die Burg danach veräußert werden. Das Land Lippe, seit 1919 Eigentümer, fand aber keine Interessenten und zog sogar einen Abriss in Betracht. Letztlich erwarb 1931 die Evangelisch-reformierte Kirchengemeinde Horn mit Unterstützung der örtlichen Gruppe des *Lippischen Bundes für Heimatschutz und Heimatpflege* das Gebäude. Nach Instandsetzungen wurden dort Konfirmandensaal und Küsterwohnung sowie ein Heimatmuseum eingerichtet.

Ab Beginn der 1960er-Jahre hatte die Kirche, die inzwischen ihr neues Gemeindehaus beziehen konnte, einige der Räumlichkeiten an Gastarbeiter vermietet. 1968 gelangte die Burg in städtischen Besitz. 1982 bis 1988 fand eine grundlegende Sanierung statt, bei der auch die abgetragenen Obergeschosse des Treppenturms wieder rekonstruiert wurden. Seither stehen Rittersaal, Gewölbekeller und weitere Räume sowie die benachbarte, zu Beginn der 1990er-Jahre renovierte Burgscheune für Veranstaltungen zur Verfügung, während das 2018 neu konzipierte *Burgmuseum Horn* über die Geschichte von Burg und Stadt informiert.

Informationen
Das Burgareal ist frei zugänglich. Burg- und Museumsführungen für Gruppen sowie Kinderprogramme sind buchbar.

Kontakt
Burgmuseum Horn
Burgstraße 13
32805 Horn-Bad Meinberg
Tel. 05234 98545 oder 201200
www.burgmuseum-horn.de

Niedergang, Sanierung, neue Nutzung

Als Hermann Adolph starb, bezog dessen Witwe Amalia zur Lippe-Brake (1628–1676) die Burg Horn, die nach dem Tod der Gräfin jedoch allmählich verfiel. Ab 1787 wurde das Gemäuer als Amtsgefängnis und Kornspeicher genutzt. Im selben Jahr war der gräfliche „Kraut- und Baumgarten" parzelliert und an Bauwillige vergeben worden. Die Ländereien und die Ökonomiegebäude, darunter die große, 1744 erneuerte Burgscheune hatten zwei Bauernfamilien gepachtet. Das neue Wohnhaus des Pächters Geise entstand 1864, es beherbergt heute unter anderem eine Polizeistation. Schon im späten 18. Jahrhundert war der Abbruch der beiden oberen Treppenturmgeschosse erfolgt. 1858 erhielt die Burg ein neues Dach. 1910 gab es erstmals Überlegungen zur musealen Nutzung. Zunächst kamen allerdings Soldaten in dem mittlerweile verwahrlosten Gebäude unter, das daneben weiter als Gefängnis diente.

Bauinschrift von 1348 samt Wappenstein mit lippischer Rose

37

Lippspringer Burgruine über dem Quellteich der Lippe

Burgruine Lippspringe – Im Angesicht von Odins Auge

Malerisch erhebt sich die Ruine der Lippspringer Burg, genauer sagt, ihr heute als *Amtshaus* bezeichneter Rest über den blau-grün schimmernden Quelltopf der Lippe. Bei der Entstehung des „Odinsauge" hatte laut Sage der höchste germanische Gott seine Hand im Spiel: Um Weisheit und absolutes Wissen zu erlangen, opferte Odin ein Auge, warf es zur Erde und schuf dadurch eine Bodenvertiefung, aus der, Tränen vergleichbar, Wasser hervorquoll.

Mit einer Schüttung von durchschnittlich 740 Litern pro Sekunde zählt die Lippequelle zur Gruppe der stärksten Flussquellen Deutschlands. Im Zusammenhang mit den 772 bis etwa 804 während Sachsenkriegen Karls des Großen (747/748–814) wird das bemerkenswerte Naturphänomen auch schon früh in Schriftzeugnissen greifbar. Zwischen 776 und 804 hielt der Frankenherrscher dort mehrere Versammlungen ab. *Ad locum, ubi Lippia consurgit* – an dem Ort, wo die Lippe entspringt – berichten die fränkischen Reichsannalen. Eine von Karl dem Großen am 28. Juli 780 ausgestellte Urkunde enthält die Ortsangabe *Lippiagyspringae in Saxonia:* Lippspringe in Sachsen.

Nach 804 enden die Nachrichten zu Lippspringe für lange Zeit, erst 1235 setzt mit der urkundlichen Nennung des Domherrn Heinrich von Lippspringe die schriftliche Überlieferung wieder ein. Der Herkunftsname verweist auf einen damals bereits existierenden Ort, dessen weitere Entwicklung maßgeblich das Paderborner Domkapitel bestimmte. Als erster und bedeutendster Stand im Hochstift scheuten die machtbewussten Kapitulare keine Konflikte, wenn sie eigene Interessen gefährdet sahen. Für Krisenfälle schuf das Domkapitel daher ein Ausweichdomizil in Lippspringe, wo ohnehin der Schwerpunkt seiner Besitzungen lag.

Die Paderborner Domherren als Burgenbauer

Die oberhalb der Lippequelle errichtete Burg wurde 1312 erstmals erwähnt. Ihre militärische Sicherung hatten adelige Burgmannen übernommen, vornehmlich die Familie Westphal, später von Westphalen genannt. Für frühere Wehranlagen in dem Bereich gibt es bislang keine Anhaltspunkte. Schrittweise erfolgte auch die Befestigung Lippspringes, städtische Rechte verlieh das Domkapitel dem Ort indes erst 1445, wenngleich entsprechende Pläne schon 1346 existierten.

Die heutige topografische Situation vermittelt zwar ein anderes Bild, doch ursprünglich hatte die Lippspringer Anlage die Anmutung einer Wasserburg. Bereits eine 1387 ausgestellte Urkunde erwähnt einen Teich, „der die Burg umschließt". Teile des Grabens, der von der um zwei Meter aufgestauten Lippequelle gefüllt wurde, konnten auch archäologisch nachgewiesen werden. Rechts neben der jetzigen Ruine befand sich beispielsweise eine Senke, die entsprechend vertieft wurde, während der Bodenaushub den danach mit Mauern und Gebäuden bebauten Burgplatz erhöhte. Die zugehörige Vorburg war mutmaßlich von Trockengräben umgeben.

Ostansicht mit Kongresshauseingang

Vom nach 1350 erbauten Amtshaus abgesehen, ist über das frühere Aussehen der Burg nur wenig bekannt. Anhand historischer Abbildungen und schriftlicher Überlieferungen sowie erhaltener Mauerzüge und Kellergewölbe lassen sich jedoch die Größe und zum Teil der Gebäudebestand der Anlage rekonstruieren. Mittels Zugbrücke erfolgte von Osten der Zugang zur Hauptburg, die 1339 erstmalig genannte Kapelle wird neben dem Torhaus vermutet. Im Untergeschoss des heutigen Kongresshauses konnte darüber hinaus der einst in der nordöstlichen Burgecke errichtete Bergfried verortet werden. Daran nach Westen hin anstoßende Mauerreste gehörten zu zwei Burgmannenhäusern der Familie Westphal, die jenseits des nördlichen Burggrabens noch einen eigenen Rittersitz, die Timpenburg besaß.

Niedergang und Verfall

Im Spätmittelalter war die Burg mehrfach angegriffen und teilweise stark beschädigt, aber stets wieder erneuert worden. Nach dem Dreißigjährigen Krieg (1618–1648) beschränkte sich die Wiederherstellung allerdings auf Vorburg und Amtshaus. Einige der schon unbewohnten Bauten wurden abgerissen. Der Siebenjährige Krieg (1756–1763) zog die ohnehin ruinöse Burg ein weiteres Mal in Mitleidenschaft. Schließlich ließ das Domkapitel auch noch das Dach des 1785 aufgegebenen Amtshauses abtragen, das nun ebenfalls allmählich verfiel.

1816 wurde der Gesamtkomplex versteigert und der Rest der Burg danach bis auf das Amtshaus abgebrochen. Dessen Keller diente später unter anderem als Waschküche, im Zweiten Weltkrieg befanden sich dort Luftschutzräume. Über den Grundmauern der einstigen Burganlage entstand 1906/1907 ein Kursaal, der 1955/1956 zum Kongresshaus ausgebaut wurde. An die früheren Wassergräben erinnert der Quellteich der Lippe.

Informationen

Die Ruine ist nur von außen zu besichtigen.
Der Innenhof steht für Trauungen zur Verfügung.
Der Gewölbekeller wird als Veranstaltungsraum genutzt.

Kontakt

Burgruine
An der Burg 1
33175 Bad Lippspringe
www.bad-lippspringe.de

Schloss Neuhaus – Spiegelbild fürstbischöflicher Prachtentfaltung

Der Aufstieg von Neuhaus zur Residenz begann mit einer Flucht. Angesichts zunehmender Bedrohungen durch die um städtische Autonomie ringende Bürgerschaft Paderborns zog sich Bischof Simon I. zur Lippe (um 1196–1277) spätestens 1275 nach Neuhaus zurück. Schon um 1270 hatte er dort eine Befestigung bauen lassen, die 1281 zerstört und ab 1294 wiederhergestellt worden war. 1327 scheiterte der erneute Versuch, die Anlage zu erstürmen.

Um 1370 veranlasste Fürstbischof Heinrich Spiegel zum Desenberg († 1380) die Errichtung eines Wohnturms. Das dreigeschossige gotische Bauwerk haben spätere Architekten in die Vierflügelanlage integriert, das dritte Geschoss wurde allerdings 1881/1882 weitgehend abgetragen. Das *Haus Spiegel*, das wie die in der Folgezeit entstandenen Gebäudeteile nach seinem Erbauer benannt ist, markierte die endgültige Verlegung der fürstbischöflichen Hauptresidenz nach Neuhaus.

Im Zeichen der Renaissance

Da der mittelalterliche Wohnturm nicht mehr zeitgemäßen Komfort- und Repräsentationsbedürfnissen genügte, beauftragte Fürstbischof Erich von Braunschweig-Grubenhagen (1478–1532) um 1524 Jörg Unkair (vor 1500–1553) mit der Planung eines Neubaus. Der Entwurf des Tübinger Baumeisters setzte

architektonische Maßstäbe: Der regelmäßige Grundriss, Treppentürme in den Innenhofwinkeln und halbkreisförmige, vom Einfluss der italienischen Renaissance zeugende Abschlüsse der Zwerchgiebel machten das Gebäude deutschlandweit zu einem der modernsten seiner Art. Von den Plänen wurde etwa 1524 bis 1526 zunächst der Südflügel verwirklicht. Der weitere Ausbau erfolgte schrittweise. Erst Dietrich von Fürstenberg (1546–1618) vollendete das Projekt. Zwischen 1589 und 1597 entstanden unter anderem der Gartenflügel mit seinen reich verzierten Giebeln im Stil der Spätrenaissance sowie die vier imposanten Ecktürme, die als Symbol der Wehrhaftigkeit einmal mehr den landesherrlichen Machtanspruch des Fürstbischofs betonten.

Barocke Pracht

Nach dem Regierungsantritt des prunkliebenden Fürstbischofs Clemens August von Bayern (1701–1761) erfuhren das Schloss und sein Umfeld eine umfassende Barockisierung. Vom Hofarchitekten Franz Christoph Nagel (1699–1764) konzipiert, wurden zwischen 1729 und 1732 der durch palaisähnliche Flügelbauten ergänzte Marstall und 1733 die pavillonartige Schlosswache errichtet. Der aus Rietberg stammende Baumeister entwarf auch die aufwendige Gartenanlage sowie um 1747 eine am barocken Hofzeremoniell orientierte Zimmerflucht, bestehend aus

Bild links: Der Südflügel, erbaut etwa 1524 bis 1526

Bild rechts: Dekorreiches Portal des Nordwest-Treppenturms

fünf hochwertig ausgestatteten Räumen. Einen nahezu authentischen Eindruck vermittelt das ehemalige fürstliche Speisezimmer.

Erst Kaserne, danach Schule und Museum

Nach der Aufhebung des Fürstbistums Paderborn 1802/1803 hatten die Folgenutzungen der Schlossanlage als Zuchthaus, Tuchfabrik und schließlich Kaserne deutliche Spuren hinterlassen: Der einstige Barockgarten war großflächig überbaut, das Schloss und seine Nebengebäude drohten zu verfallen. Nach dem Zweiten Weltkrieg zunächst vom britischen Militär beschlagnahmt, gingen Teile der Gartenfläche und das Schloss 1964 in den Besitz der Gemeinde über, die das Gebäudeinnere sanierte und dort 1967 eine Realschule einrichtete. 1804 fast vollständig versteigert, war von der früheren Ausstattung ohnehin kaum etwas vorhanden. Die wenigen wiederhergestellten Prunkräume dienen heute repräsentativen Zwecken, sie sind zudem in das 2017 eröffnete Residenzmuseum einbezogen. Aus der Zeit um 1524 noch weitgehend erhalten blieb der Remter (Speisesaal) im Untergeschoss des Südflügels. Die Schlossfassade wurde 1968 bis 1994 restauriert, ihr Aussehen entspricht etwa dem der Barockzeit.

Marstall, Reithäuser und Barockgarten

Erst 1992 übergab die Britische Rheinarmee den bis dahin von ihr genutzten Teil des Schlossparks an die Stadt Paderborn. Um die barocke Gartenanlage zur Landesgartenschau 1994 zumindest teilweise rekonstruieren zu können, erfolgte der Abriss der meisten der dort im 19. und 20. Jahrhundert errichteten Bauten.

Bild links: Schloss Neuhaus, Gartenfront mit reich verzierten Giebeln der Spätrenaissance

Erhalten blieben Stallungen und ein Reithaus aus den 1870er-Jahren, jetzt Bürgerhaus, sowie eine klassizistische Reithalle von 1825. Das Gebäude dient seit 1994 als Städtische Galerie, während der Marstall neben einer Glas- und Keramiksammlung das Kunst- und das Naturkundemuseum Paderborn beherbergt.

Die heute als Barockgarten bezeichnete Anlage basiert auf einem Bestandsplan von 1790. Herzstück ist das Gartenparterre mit Springbrunnen, Blumenrabatten, arabeskenförmigen Einfassungen und ornamentalen Rasenflächen. Der Garten wurde letztlich zum prägenden Element der Schlossanlage, in der sich eine für das Barock typische Vereinigung von Architektur und gärtnerisch gestalteter Umgebung zu einem Gesamtkunstwerk widerspiegelt.

Informationen

Sofern keine kostenpflichtigen Veranstaltungen stattfinden, sind die Außenanlagen frei zugänglich. Daneben laden die Museen und Ausstellungen sowie der angrenzende Auenpark zum Besuch ein.

Kontakt

Schlosspark- und Lippesee Gesellschaft mbH
Im Schloßpark 10
33104 Paderborn/Schloß Neuhaus
Tel. 05251 8811092
www.schlosspark-paderborn.de

Schloss Ovelgönne, Gartenseite

Schloss Ovelgönne – Vom Rittersitz zum Haus für Bürger

Über die Ursprünge der Wasserschlossanlage Ovelgönne ist nicht allzu viel bekannt. Vielleicht gehen die Anfänge auf ein „kleines Gut in Edinghusen" zurück, das erstmals 1126 genannt wurde, belegen lässt sich das nicht. Angesichts der lange Zeit bestehenden Verknüpfung von kirchlicher Schirmherrschaft und späterem Adelssitz liefert immerhin eine Urkunde vom 27. Februar 1183 Hinweise zu einem wahrscheinlich schon im 12. Jahrhundert existierenden Vorgängergut. Danach hat Papst Lucius III. († 1185) dem 1015 gegründeten Paderborner Abdinghofkloster Besitz in Eidinghausen und das Patronat über die dortige Kirche bestätigt. 1353 fiel das Ganze einschließlich einer Mühle an das Fürstbistum Minden, Grundlage waren Tauschvereinbarungen.

Ab etwa der Mitte des 14. Jahrhunderts sind auch Angehörige der fürstbischöflichen Ministerialenfamilie von Münchhausen in Eidinghausen nachweisbar. Ihnen wird die Errichtung der Wasserburg Ovelgönne zugeschrieben, die unter

dem Namen *Ovelgünne* erstmalig 1458 im Zusammenhang mit einer Fehde zwischen den Fürstbistümern Minden und Osnabrück als befestigte Anlage Erwähnung findet. Zum Aussehen der alten Burggebäude liegen keine Nachrichten vor. Ebenso wenig ließ sich bisher klären, ob es, wie hin und wieder angenommen, gegenüber der heutigen Schlosszufahrt Vorgängerbauten gab.

Die Frühe Neuzeit

Während der 1550er-Jahre fiel das Gut durch weibliche Erbfolge und Heirat zunächst der Familie von Reden zu, einige Generationen später gelangte es an die von Schloen genannt Gehle. Ab 1737 befand sich Ovelgönne erneut für kurze Zeit in geistlichem Besitz. Zur Stärkung der katholischen Kirche, die innerhalb der protestantisch geprägten Region unter zunehmendem Bedeutungsverlust litt, hatten die kinderlose Anna Lucretia von Amstenradt (1656–1733), verwitwete von Schloen genannt Gehle, und ihre unverheiratete Schwester das Gut 1733 der Franziskaner Mission zu Vlotho vermacht. Da jedoch religiöse Ordensgemeinschaften, gemäß Erlass von 1702, keine landtagsfähigen Rittergüter besitzen durften, ordnete die preußische Regierung einen Verkauf an. 1738 erwarb schließlich der königlich-preußische Major Johann Friedrich von Weißenfels († 1745) das Gut Ovelgönne. Unmittelbar danach begann die Erneuerung des Herrenhauses, die, zumindest laut gartenseitiger Portalinschrift, 1740 beendet war.

Aufgrund fehlender Bauakten sind weder Architekt noch beteiligte Handwerker bekannt. Vermutlich über dem Pfahlrostfundament eines Vorgängergebäudes errichtet, entstand am südlichen Rand der fast quadratischen Burginsel ein zweigeschossiger verputzter Bruchsteinbau mit neun Fensterachsen, Eckquaderungen, umlaufenden Gesimsen und Mansardwalmdach. Die Hauptfassade wird zusätzlich betont vom leicht vorspringenden Mittelrisalit. Hinzu kommt das aufwendig gestaltete Eingangsportal, das unter anderem die Wappen des Erbauerehepaars zeigt. Die Gartenfront erscheint dagegen eher schlicht. Die bei der Gebäuderestaurierung der 1980er-Jahre wiederhergestellten Treppenzugänge an Vorder- und Rückseite entsprechen in etwa der baulichen Situation im 19. Jahrhundert.

Vom Rittersitz zum Bürgerhaus

Gegen 1855 hatte das Wasserschloss Ovelgönne insgesamt größere Umbauten und Erweiterungen erfahren, darunter die Ergänzung des schmalen, als Nebentreppenhaus fungierenden Anbaus an der Ostseite. In jener Zeit erhielt auch die von vier antikisierenden Säulen dominierte Eingangshalle ihr klassizistisches Erscheinungsbild. Ebenfalls aus dem 19. Jahrhundert stammte der anstelle eines Barockgartens angelegte englische Landschaftspark, der schon während der 1920er-Jahre weitgehend beseitigt worden war.

Modernes Design im historischen Ambiente

1882 kam der Besitz in bürgerliche Hände, 1891 wurde Ovelgönne aus der Matrikel der Rittergüter gestrichen, damit erlosch zugleich das Kirchenpatronat. Nach etlichen Eigentümerwechseln erwarb 1940 die Gemeinde Eidinghausen das Schloss. Ab 1945 zunächst Flüchtlingsunterkunft, befand sich dort später eine Senioreneinrichtung. Im Zuge der kommunalen Gebietsreform der 1970er-Jahre fiel das Anwesen an die Stadt Bad Oeynhausen, die wegen des maroden Gebäudezustands zeitweise einen Abriss erwog, das Vorhaben aber nach Bürgerprotesten verwarf und zwischen 1981 und 1983 grundlegende Sanierungsmaßnahmen durchführte. Anschließend als Bürgerhaus genutzt, wurde das Schloss 2013 verpachtet und bis 2017 umfassend renoviert. Dabei gelang es auf bemerkenswerte Weise, historische Elemente und moderne Ausstattung miteinander zu verbinden, so dass der ehemalige Rittersitz nunmehr ein gehobenes Ambiente für private Feiern, geschäftliche Veranstaltungen und vieles mehr bietet.

Inschrift von 1740 über dem Gartenportal

Informationen
Das Schloss kann für Events gebucht werden. In veranstaltungsfreien Zeiten steht das Außenareal Besuchern offen.

Kontakt
Schloss Ovelgönne
Eidinghausener Straße 197
32549 Bad Oeynhausen
Tel. 05731 7561-592
www.schloss-ovelgoenne.de

Burgruine Rahden – Erinnerung an eine Mindener Landesburg

Großflächige Mauerdurchbrüche bestimmen das Aussehen der Burgruine Rahden und verleihen ihr einen geheimnisumwitterten, aber auch morbiden Charakter. In den 1990er-Jahren eingebaut, festigen Stahlträger und Spannstähle die einsturzgefährdeten Wandreste der einstigen fürstbischöflichen Landesburg, die ursprünglich beachtliche Ausmaße hatte. Im Rahmen von Stichpunktgrabungen, die 1969 vorgenommen wurden, konnten die ungefähren Abmessungen des Gesamtkomplexes ermittelt werden. Demnach betrug die Ausdehnung der Anlage rund 63 x 53 Meter, Markierungen durch Findlinge veranschaulichen die Dimensionen. Da keine detaillierten historischen Abbildungen bekannt sind, beruhen Aussagen zum früheren Erscheinungsbild der Burg vor allem auf der Zuordnung noch vorhandener architektonischer Merkmale und den nicht überlieferten Ergebnissen der archäologischen Untersuchung – allerdings um fantasievolle Interpretationen des damaligen Ausgräbers ergänzt.

Bei der heutigen Ruine handelt es sich um das ehemalige, häufig als *Schloss* bezeichnete Haupthaus. Der Backsteinbau geht vermutlich auf die Erneuerung eines im 15. Jahrhundert zerstörten Vorgängergebäudes zurück. Daran rechtwink-lig ansetzend gab es, zumindest laut zeichnerischem Rekonstruktionsversuch, einen nördlichen Seitenflügel mit Fachwerkobergeschoss. Neben einem langgestreckten Marstall im Westen zeigt die Skizze darüber hinaus ein traufseitig nach Süden ausgerichtetes Torhaus samt östlichem Verbindungsbau zum Hauptgebäude. Nicht zuletzt soll das Innenhofareal mittig durch einen parallel zum Torflügel verlaufenden Trakt in zwei Bereiche getrennt gewesen sein.

Auf Schutzvorrichtungen verweist die skizzenhafte Darstellung ebenfalls. Danach ermöglichten zwei schmalere Türme die Überwachung der Nord- und der Südseite, während ein mächtiger, nahe dem Haupthaus errichteter Bergfried die östliche Flanke sicherte. Angenommen wird auch die Existenz von zwei, an der süd- und der nordöstlichen Ecke der Anlage positionierten Bastionen. Die Bauwerke waren möglicherweise in einen Mauerring einbezogen, der, so die Vermutung, die Wohn- und Wirtschaftsbauten im Osten, Norden und Westen umschloss. Keine Zweifel bestehen indes am Vorhandensein einer breiten Gräfte, die von der Großen Aue, einem Nebenfluss der Weser, gespeist wurde. 1592 werden im Zusammenhang mit Fehdehandlungen zudem Wälle erwähnt.

Anfänge, Nutzung, Niedergang

Strategisch äußerst günstig gelegen, diente die Befestigung unter anderem der Kontrolle eines Übergangs der Großen Aue einschließlich der wichtigen Ost-West-Verbindung, die dort verlief. Der genaue Gründungszeitpunkt der Wasserburg ist unbekannt. Bereits zur Mitte des 13. Jahrhunderts erscheint Rahden in Schriftzeugnissen als Herkunftsort verschiedener Gefolgsleute der Mindener Fürstbischöfe. Bezüge zu einer gegebenenfalls vorhandenen Burg sind denkbar, aber nicht nachzuweisen. Gleiches gilt für ein „castrum", das 1296 Erwähnung fand und mit der Rahdener Anlage in Verbindung gebracht wurde. Vermutet wird deren Bau eher im frühen 14. Jahrhundert. Vom Überwachen der Flussquerung abgesehen, fungierte die Burg als landesherrlicher Verwaltungssitz des Amtes Rahden. Erster namentlich bekannter Drost war der 1320 genannte Ritter Hardecke von Engelingborstel.

Um ihre Kasse aufzufüllen, versetzten die Mindener Fürstbischöfe die Burg regelmäßig an Angehörige vorzugsweise regionaler Adelsfamilien. Ein stark verwittertes Wappen verweist etwa auf die von dem Bussche, die 1391 bis 1395 zum Kreis der Pfandinhaber gehörten. Versuche, die Besitzung zu entfremden, provozierten nicht selten Konflikte mit den bischöflichen Landesherren. Es kam zu Fehden, in deren Verlauf die Anlage mehrfach erstürmt und niedergebrannt wurde. Nach dem Dreißigjährigen Krieg (1618–1648) begann ihr unaufhaltsamer Niedergang. 1698 beschrieb der damalige Amtsschreiber die im Zuge der Säkularisierung des Fürstbistums Minden an Brandenburg-Preußen gefallene Burg als „in schlechtem Stande".

Informationen

Die Burgruine kann von außen besichtigt, darf aber nicht betreten werden. Direkt an das Burgareal grenzt der in den 1960er-Jahren errichtete Museumshof Rahden, der umfassende Eindrücke bäuerlicher Lebens- und Arbeitswelten des 19. Jahrhunderts vermittelt.

Anschrift

Burgruine Rahden
32369 Rahden

Kontakt

Museumshof Rahden
Museumshof 1
32369 Rahden
Tel. 05771 2282
www.museumshof-rahden.de

Bild links: Burgruine Rahden, Ansicht von Süden

Museumshof Rahden

Um 1709 wurde nicht allzu weit entfernt ein neues Amtshaus gebaut, das die Familie Bock 1829 zusammen mit der alten Burg erwarb. Dort waren bereits seit dem frühen 18. Jahrhundert baufällige Teile abgerissen und als Steinbruch genutzt worden. Das letzte noch bewohnte Gebäude, das Schloss, fiel 1878/1879 einem Brand zum Opfer. Seine Außenmauern bilden die heutige Ruine, die nicht zugänglich ist, aber vom benachbarten Museumshof aus betrachtet werden kann. An die Vergangenheit der Anlage als Landesburg erinnert ein nahe den Absperrungen präsentierter Türsturz, dessen Inschrift auf den Mindener Bistumsadministrator Herzog Christian zu Braunschweig und Lüneburg (1566–1633) verweist.

Burg Ravensberg – Erlebnisburg im Teutoburger Wald

Die Burg Ravensberg war die Wiege der gleichnamigen Grafschaft, deren Eigenständigkeit allerdings nach vergleichsweise kurzer Zeit endete. Die Erinnerung bewahren die Bezeichnungen *Ravensberger Land* und *Ravensberger Mulde*, auch wenn es sich trotz territorialer, geografischer und naturräumlicher Überschneidungen um unterschiedliche Gebietseinheiten handelt.

Die Ravensberger Grafen gelten als Verwandte der ursprünglich im Raum Vechta ansässigen Grafen von Calvelage, über Einzelheiten der familiären Verbindungen ist nichts bekannt. Ebenso ungeklärt sind die Gründe für das Errichten einer Befestigung auf dem Ravensberg. Anlass könnten gegen 1075 durch Heirat erworbe-ne Güter in der Region gewesen sein, die Expansionschancen bargen und deswegen den Aufbau eines weiteren Herrschaftszentrums erforderten. 1141 erstmals urkundlich erwähnt, beginnt mit Otto I. von Ravensberg († um 1173) die Reihe der nach dem neuen Stammsitz benannten Grafen. Der Herkunftsname bezeugt zugleich indirekt die Existenz einer Burg.

Vorburg und Hauptburg, Brunnen und Bergfried

Der Standort auf einem dem Hauptkamm des Teutoburger Waldes vorgelagerten Bergrücken war ideal. Während das nach drei Seiten steil abfallende Gelände natürlichen Schutz bot, ermöglichte die verkehrsgünstige Lage die Kontrolle eines nahen Gebirgspasses sowie der unterhalb der Anhöhe verlaufenden Fernverbindung. Über das einstige Aussehen der schrittweise erweiterten Burg ist kaum etwas bekannt. Historische Abbildungen, alte Reparaturlisten und archäologische Untersuchungen lassen allenfalls Rückschlüsse zu.

Die gesamte, aus Vor- und Hauptburg bestehende Anlage war von Ringmauer, Trockengraben und einem Wall umgeben. Den westlichen Zugang sicherten zudem ein schon im ausgehenden Mittelalter abgerissener und mit einer Mauer überbauter Rundturm und später eine Art Bastion. Der Bereich gehörte zur Vorburg, die Wohngebäude für Bedienstete und Wirtschaftsbauten beherbergte. Erhalten blieben Teile eines dort nachweisbaren großen Steinhauses, sie wurden in die heutige Freilichtbühne einbezogen. Das noch vorhandene Fachwerkgebäude stammt aus dem 19. Jahrhundert und dient inzwischen als *Ravensberger Klassenzimmer,* wo es um Naturschutz, Kultur- und Heimatpflege geht.

Auch an die einst enge Bebauung der Hauptburg erinnern nur wenige Reste, darunter ein Mauerabschnitt der gräflichen Wohn- und Repräsentationsräume, des Palas. Die schriftlich überlieferte Burgkapelle ließ sich bislang nicht eindeutig verorten. Zu bestaunen ist indes der rund hundert Meter hinabreichende Brunnen,

Die Burg Ravensberg mit saniertem Baubestand

einer der tiefsten Burgbrunnen Deutschlands. Kaum weniger bemerkenswert: Die aufwendige Fördertechnik. Allein der Durchmesser des gewaltigen Laufrades beträgt 4,60 Meter. 1834 erneuert, vermittelt die bis heute funktionsfähige Anlage Einblicke in die Wasserversorgung der früheren Burgbewohner.

Beherrscht wird die Szenerie vom Bergfried. Als Besonderheit des 19,10 Meter hohen Turms gilt sein tropfenförmiger Grundriss. Ob die spitz zulaufende Form Geschosse abwehrte und damit militärische Funktionen erfüllte oder lediglich Aggressivität ausstrahlen sollte, ist unklar. Im Turm beeindruckt die imposante Kuppel, die den achteckigen Innenraum überwölbt. An dessen Wand entlang führt eine Steintreppe bis zum Dach, von wo aus sich ein hervorragender Blick ins Land bietet. Der bei einer zwischen 1836 und 1838 durchgeführten Turmsanierung ergänzte Zinnenkranz geht wie die Treppe auf Entwürfe des berühmten preußischen Baumeisters Karl Friedrich Schinkel (1781–1841) zurück. Gleiches gilt für das 1869 anstelle eines Fachwerkbaus in neugotischen Formen errichtete Forsthaus, das heute unter anderem als Gaststätte genutzt wird.

Neue Zeiten, neue Herren

Die Ravensberger Grafen zählten zwar zu den einflussreichsten Adelsfamilien der Region, doch eine 1226 vorgenommene Erbteilung markierte bereits die Anfänge eines Bedeutungsverlustes, der durch Verkäufe und Verpfändungen verstärkt wurde. Einer zwischenzeitlichen Blüte unter Otto III. (um 1246–1305) folgte der endgültige machtpolitische Niedergang. 1346 starb das Geschlecht in männlicher Linie aus. Anschließend im Besitz der Häuser Jülich-Berg und ab 1511 Kleve-Mark, gelangte die Grafschaft 1614 an Brandenburg, später Preußen.

Nachdem die Burg Ravensberg schon zu Beginn des 15. Jahrhunderts ihre Residenzfunktion verloren hatte, verließ 1695 der letzte Drost die mittlerweile baufällige Anlage. 1733 wurden dort etliche Gebäude abgebrochen. Burgenromantik

Informationen
Der Außenbereich ist frei zugänglich, nach Absprache sind Burgführungen möglich. Daneben werden Kulturveranstaltungen sowie vielfältige Programme für Erwachsene und Kinder angeboten.

Kontakt
Burg Ravensberg
Burg Ravensberg 1
33829 Borgholzhausen
Tel. 05425 933544
www.burg-ravensberg.de

Blick ins Brunnenhaus

und aufkommendes Nationalbewusstsein rückten die Ruine im 19. Jahrhundert erneut ins Blickfeld. Doch erst mit Hilfe der 2004 gegründeten *Stiftung Burg Ravensberg* konnten umfassende Sanierungsarbeiten in Angriff genommen und Konzepte für eine Nutzung als Erlebnisburg entwickelt werden.

Der Bergfried

Fürstliches Residenzschloss Rheda – Denkmal von besonderem Rang

Die sumpfige Niederung der Ems und die nahe Flussquerung der alten Hellwegtrasse Kassel–Paderborn–Münster boten beste strategische Voraussetzungen zum Bau einer Burg. Die 1170 erstmals erwähnte Anlage entstand auf einem durch den Aushub eines Ringgrabens künstlich erhöhten Sandhügel. Für die zusätzliche Sicherung sorgte die Ems, die samt Nebenarm das Burggelände und die Vorburg weiträumig umfloss.

Nachdem der erste namentlich bekannte Besitzer und vermutete Gründer der Burg, Widukind von Rheda († 1189/1191), während des Dritten Kreuzzuges (1189–1192) kinderlos verstorben war, beerbte ihn sein Freund, Verwandter und Waffengefährte, der im nahen Lippstadt residierende Edelherr Bernhard II. zur Lippe (um 1140–1224). Dessen Sohn und Nachfolger Hermann II. (1175–1229) erweiterte die Burganlage und verlegte seinen Hauptwohnsitz dorthin. 1365 fiel das Territorium der Herrschaft Rheda an das Haus Tecklenburg. Die Grafen bauten die mittelalterliche Befestigung zum Residenzschloss aus, waren zeitweise aber auch auf Schloss Hohenlimburg ansässig. Seit 1757 nutzt die Familie, die 1817 in den erblichen Fürstenstand erhoben wurde, Rheda als dauerhaften Wohnsitz.

Der Kapellenturm

Ein herausragendes Zeugnis spätromanischer Baukunst ist der um 1230 errichtete Kapellenturm, der Festungs-, Wohn- und Sakralbau in einzigartiger Weise vereint. Vom Vorraum der Kapelle aus durch eine direkt nach oben führende Wendeltreppe erschlossen, wurde die vierte Etage für Wohnzwecke genutzt, darauf deuten Abortanlage und Kaminreste hin. Das jetzige Erdgeschoss diente hingegen ursprünglich als befestigtes Torhaus, das zugleich den unteren Teil der einstigen Doppelkapelle bildete. Von dort aus konnten Fallgitter betätigt werden, die für zusätzliche Sicherheit sorgten.

Heute klar differenzierbar, nehmen die mittleren der insgesamt vier Geschosse die Kapelle auf, die nunmehr die Anmutung eines zweigeschossigen, aber offenen Sakralraums hat. Durch eine doppelläufige, an der Westwand platzierte Treppe erreichbar, erhebt sich über einem tonnengewölbten Umgang die Emporenzone, die von der Nord-, Süd- und Ostseite Blicke in den Gottesdienstraum ermöglicht. Kräftige, mit Blattkapitellen geschmückte Pfeiler markieren dort die Abgrenzungen des aus zwei Jochen bestehenden Inneren der Kapelle.

Orangerie-Gebäude von 1873

Blick in den Kapellenturm

Die Schlossanlage

Der 1718 einem Brand zum Opfer gefallene Nordflügel wurde nicht wieder erneuert. Das Feuer war innerhalb eines Backhauses ausgebrochen. 1719 entstand dort das heutige Torhaus, an das der in Formen der Spätrenaissance erbaute, 1612 vollendete Galerieflügel grenzt. Der Name bezieht sich auf den langgestreckten Balkon der Hofseite, wo zudem eine wappengeschmückte Auslucht das Bild bestimmt.

Der benachbarte Barocktrakt, ein schlichter Ziegelbau, wurde 1745 bis 1747 nach Abbruch eines Vorgängergebäudes errichtet. Die Entwürfe lieferte Cornelius Gottfried Treu, der die Hauptfassade durch einen breiten Mittelrisalit einschließlich vorgelagerter Freitreppe betonte, während die Gartenseite eine großzügige Säulenloggia erhielt. Neben einem marmornen Prunkkamin und dem mit Stuckaturen ausgestatteten Festsaal aus der Barockzeit gewähren die 1806 in mehreren Räumen angebrachten Bildtapeten Eindrücke höfischer Wohnkultur im beginnenden 19. Jahrhundert. Vermutlich noch auf das Spätmittelalter geht der Kern des angrenzenden, südöstlichen Wohnturms zurück, der zeitweise zur Unterbringung einer wertvollen Musikbibliothek genutzt wurde.

Vorburg und Garten

Die in Fachwerk errichteten Wirtschaftsbauten der Vorburg stammen wie der Marstall überwiegend aus dem 18. Jahrhundert. Gleiches gilt für das alte Komödienhaus und die ehemalige Kanzlei, die das barocke Schlosstor rahmen. Die Gebäude beherbergen heute Wohnungen, Büros und museale Sammlungen. In unmittelbarer Nähe am Aufstau der Ems gelegen, waren die einstige Korn- und die frühere Ölmühle ebenfalls Bestandteil der Schlossökonomie.

Bild links: Schloss Rheda mit Kapellenturm und angrenzendem Galerieflügel.

Ein Zeugnis des Spätklassizismus ist die 1873 anstelle eines Fachwerk-Vorgängerbaus errichtete Orangerie. Das umgebende Gartenparterre wurde 1988 nach Plänen der Zeit um 1900 rekonstruiert. Gärtnerische Anlagen sind am Schloss Rheda schon für das späte 16. Jahrhundert nachweisbar, allerdings wurden darin vor allem Nutzpflanzen kultiviert. Im Bereich des einstigen fürstlichen Wildgeheges lädt heute ein Laubmischwald zu Spaziergängen ein, daneben besteht eine fußläufige Verbindung zum Flora-Westfalica-Park.

Informationen

Teile des Schlosses, der Kapellenturm sowie das Kutschen- und das Spielzeugmuseum können im Rahmen von Führungen besichtigt werden. Zudem stehen Räumlichkeiten etwa für Tagungen und Hochzeiten zur Verfügung. Die Gartenanlagen sind außer bei Veranstaltungen frei zugänglich.

Kontakt

Schloss Rheda
Fürstlich zu Bentheim-Tecklenburgische Kanzlei
Steinweg 2
33378 Rheda-Wiedenbrück
Tel. 05242 94710
www.fuerstliche-schloesser.de

Schloss Rheder, Gartenseite

Schloss Rheder – Barockjuwel im Tal der Nethe

Wie gemalt präsentiert sich die idyllisch im Tal der Nethe gelegene Schlossanlage Rheder, die bis heute das Bild des gleichnamigen Dorfes bestimmt. Beim Blick in die Geschichte begegnen einem zunächst die dort reich begüterten Ritter von Brakel. Nach deren Aussterben 1384 erhielt der Paderborner Fürstbischof als Lehnsherr die Besitzungen zurück und übertrug sie den Mengersen. Die 1292 in den Ritterstand erhobene Familie, die sich nach einem wüst gefallenen Dorf nahe der Ortschaft Niesen benannte, errichtete um 1400 auf einer Anhöhe oberhalb der Nethe-Niederung eine Burg, an die jedoch nur noch ein Flurname erinnert. Wie lange das im Dreißigjährigen Krieg (1618–1648) zerstörte Gebäude genutzt wurde, ist ungewiss. Schon 1444 haben die Herren von Mengersen den Meierhof des Klosters Willebadessen in Rheder erworben, 1551 kam das Areal der späteren Barockanlage hinzu. Möglicherweise verfügte die Familie bereits zu Beginn der Frühen Neuzeit über einen Wohnsitz im Dorf.

Vorburg und Schloss

Als Vorgängerbauten des Schlosskomplexes gelten drei Feste Häuser, das heutige Gebäudeensemble stammt aus dem 18. Jahrhundert. 1710 hatte Burchhard Bruno von Mengersen (1670–1738) zunächst den Bau der inzwischen für Wohnzwecke und zur Stromerzeugung genutzten Mühle veranlasst. 1714 beauftragte er die Münsteraner Baumeister Lambert Friedrich Corfey (1668–1733) und Gottfried Laurenz Pictorius (1663–1729) mit der Planung der Vorburg. Unter der Leitung des jungen, nahe Warburg geborenen Johann Conrad Schlaun (1695–1773), später einer der bedeutendsten Barockarchitekten Westfalens, entstand 1716 bis 1727 eine dreiflügelige Anlage, die das Hofgelände hufeisenförmig umschließt. Seitliche Achteckpavillons und die mittig angeordnete, zum Schloss hin orientierte Durchfahrt, gliedern den rund 130 Meter langen Haupttrakt. Das insgesamt eindrucksvolle Gebäude beherbergt die Gutsverwaltung und die 1686 gegründete Schlossbrauerei sowie seit 2003 ein kleines Museum zur Husaren-Geschichte. Nach ihrer Fertigstellung hatte die Vorburg darüber hinaus dem Bauherrn und seiner vielköpfigen Familie als Wohnung gedient.

Da die Wohnräume in der Vorburg offenbar nicht mehr den Ansprüchen der nachfolgenden Generation genügten, ließen Franz Joseph von Mengersen (1705–1780) und seine Frau Sophie-Antoinette von Spiegel zum Desenberg (1718–1787) am westlichen Rand des Wirtschaftshofes ein spätbarockes Schloss errichten. Die Entwürfe werden Johann Matthias Kitz (vor 1750 – nach 1795) aus Arolsen zugeschrieben. Auf einem durchfensterten Kellergeschoss entstand eine zweigeschossige Dreiflügelanlage mit hohem, von Gauben belebten Walmdach. Während die Architektur eher schlicht anmutet, zeugt das Dekor der Innenräume einschließlich der Schlosskapelle von einer gewissen Verspieltheit, wie sie für das Rokoko charakteristisch war.

Vom Barockgarten zum Landschaftspark

Eine niedrige Mauer trennt den Wirtschaftsbereich vom Schlossareal. Zu der Anlage gehörte einst ein barocker Garten, der gegenüber der ursprünglichen Konzeption aber nur teilweise verwirklicht worden ist. Im Zweiten Weltkrieg zur Schlossgärtnerei umgenutzt, wurde das vormalige Barock-Parterre 2012 in vereinfachter Ausprägung rekonstruiert. Der formal gestaltete Gartenraum bildet einen reizvollen Kontrast zum weitläufigen Landschaftspark, der sich hinter dem Schloss über die Nethe hinweg ausdehnt.

Bereits im späten 18. Jahrhundert bestand am Schloss Rheder ein Landschaftsgarten, ab 1838 nahm Joseph Bruno von Mengersen (1804–1873) grundlegende Änderungen in Angriff. Der „Dichtergraf des Nethegaus", wie er wegen seiner schriftstelle-

Bild oben: Das Weidenpalais

Bild unten: Straßenfront der Vorburg, im Hintergrund die 1716 bis 1718 erbaute Pfarrkirche St. Katharina, ebenfalls ein Werk Johann Conrad Schlauns

rischen Neigungen genannt wurde, ließ die Fläche erweitern, Wege ausbauen und vorwiegend einheimische Gehölzarten pflanzen. Inspiriert von den Gartentheorien Fürst Pückler-Muskaus spielten zudem Sichtachsen eine große Rolle. Ein wesentliches Gestaltungselement ist daher die als *Pückler-Schlag* bezeichnete Schneise vom Sieseberg hinab ins Nethetal, die einen Blick auf Schloss und Dorf bietet. Nach dem Tod des „Dichtergrafen" fiel der Besitz an die bis heute dort ansässige Familie von Spiegel zu Peckelsheim, die in den letzten Jahren etwa mit Kunstinstallationen oder einem großräumigen Weidenpalais zusätzliche Akzente setzte. 2005 wurde der Landschaftsgarten ins Europäische Gartennetzwerk aufgenommen.

Informationen

Das Schloss ist nicht öffentlich zugänglich.
Barockgarten und Landschaftspark stehen Besuchern hingegen auch außerhalb von Hoffesten und Kulturveranstaltungen offen.
Orangerie, Parkscheune, Schlaun'sche Scheune und Weidenpalais können gebucht werden. Besichtigungen des Husarenmuseums und – für Gruppen – der Brauerei sind möglich.

Kontakt

Gräflich von Mengersen'sche Dampfbrauerei Rheder GmbH & Co. KG
Nethetalstraße 10
33034 Rheder
Tel. 05272 39230
www.schlossbrauerei-rheder.de
www.husarenmuseum.de

Schloss Schieder mit Barockgarten

Schloss Schieder – Fürstlich-lippische Sommerresidenz

„Drum sagen wir es immer wieder: Es geht doch nichts über Schieder!" Das einem Sohn Fürst Leopolds II. zur Lippe (1796–1851) zugeschriebene Zitat bezieht sich auf das kleine Barockschloss im heutigen Ortskern von Schieder, das die lippische Fürstenfamilie einst als Sommerresidenz nutzte.

Die Geschichte der Anlage reicht bis zum dort vermuteten Barkhof zurück. Das nicht mit der gleichnamigen Siedlung auf einer Emmer-Insel zu verwechselnde Gut soll der Versorgung eines mittelalterlichen Königshofes am Kahlenberg, bekannt als Wallanlage Alt-Schieder, gedient haben. 997 hatte Kaiser Otto III. (980–1002) die Besitzungen dem Erzbistum Magdeburg übertragen, das damit spätestens um 1230 die Schwalenberger Grafen belehnte. Aus deren Hand kaufte 1350 Edelherr Otto zur Lippe (um 1300–1360) den Komplex.

Infolge der Eversteiner Fehde (1404–1409) fiel der Barkhof im frühen 15. Jahrhundert wüst, wurde aber schon wenige Jahrzehnte später erneut besiedelt. 1484 erwarb das 1468 gegründete Blomberger Augustiner-Chorherrenstift das Gut, das danach als Vorwerk zur Bewirtschaftung klostereigener Ländereien fungierte. Da sich der Konvent reformationsbedingt 1533 auflöste, erfolgte im selben Jahr der Rückverkauf an Graf Simon V. (1471–1536). Nunmehr gräfliche Meierei, entstand dort zusätzlich ein Verwaltungssitz. Die Leitung übernahmen Amtmänner, für die es ab 1611 üblich wurde, den Wirtschaftshof und das Amt Schieder zu pachten. 1621 gelangte die Meierei im Erbgang an die gräfliche Nebenlinie zur Lippe-Brake. Unterbrochen von einem schaumburg-lippischen Zwischenspiel, befand sich der Besitz 1709 bis 1737 und dann endgültig seit 1789 wieder in Händen der regierenden Detmolder Linie.

Der Schlossbau

Nachdem auch zuvor schon herrschaftliche Wohngebäude auf dem Meiereigelände existiert hatten, ließ Graf Rudolf zur Lippe-Brake (1664–1707) ab 1703 das heutige Schloss erbauen. Den Entwurf lieferte der aus Tirol stammende Joseph Falck. Der in Höxter ansässige Baumeister, der darüber hinaus das neben dem Schloss gelegene, später als *Palais* bezeichnete Brauhaus der Meierei sowie eine Emmerbrücke errichtete, schuf einen zweigeschossigen Putzbau mit steilem Vollwalmdach. Neun Fensterachsen und ein leicht vorspringender, von einem flachen Dreieckgiebel abgeschlossener Mittelrisalit gliedern die Hoffassade. Eine doppelläufige Freitreppe, die dem mittig angeordneten Hauptportal vorgelagert ist, unterstreicht die symmetrische Wirkung. Die Gartenfront weist zusätzlich zum Mittelrisalit zwei „verkürzte" Seitenflügel auf. Von der dazwischen platzierten Terrasse führt eine gerade Treppe in den Garten. Die durch architektonische Strenge gekennzeichnete Bauweise verrät holländische Einflüsse und wird daher als niederländischer Klassizismus bezeichnet. Die Innenausstattung wurde mehrfach dem jeweiligen Zeitgeschmack angepasst, bis auf einige Parkettböden und Stuckarbeiten ist davon nichts mehr erhalten.

Die zum Landschaftspark hin ausgerichtete Eingangsfassade

Die Gartenanlage im Spiegel der Zeit

Schon 1701 begannen die Arbeiten am barocken Schlossgarten. Aus jener Zeit stammen noch das Fontänenbassin und vermutlich der schmale Kanal vor der südlichen Schlossfassade, aber auch die um Kaskaden ergänzte Treppenanlage zur Erschließung der dortigen Gartenterrassen. Eine auf das Hauptportal an der Nordseite zulaufende Lindenallee war 1706 gepflanzt worden, sie wurde 1956 nach Sturmschäden erneuert. Um die Mitte des 18. Jahrhunderts erfolgten Modernisierungs- und Erweiterungsmaßnahmen. Neben der ornamentalen Gestaltung der Beete wurden unter anderem Irrgarten und Heckentheater angelegt. Im 19. Jahrhundert fanden grundlegende Überformungen zum englischen Landschaftspark statt, die mit einer erheblichen Vergrößerung des Areals einhergingen. Teiche, Rasenflächen, lockere Gehölzgruppen und Solitärbäume bestimmten nun die Szenerie. Hinzu kamen bauliche Ergänzungen wie Marstall und Remise oder auch ein Teehäuschen.

Bis zur Revolution von 1918 fürstliche Sommerresidenz, fiel die Schlossanlage danach an den lippischen Staat. 1963 erwarb die damalige Gemeinde Schieder das Parkgelände und 1968 das Schloss, inzwischen befinden sich dort Verwaltungsräume und eine Gastronomie. Die heutige Stadt Schieder-Schwalenberg nutzt außerdem Gebäude des ehemaligen, 1973 aufgelösten landwirtschaftlichen Betriebes. Einige der früheren Ställe und Scheunen beherbergen Wohnungen, einen Supermarkt und die Biologische Station Lippe. Unter Einbeziehung noch erhaltener Strukturen wurde der einstige Barockgarten im Süden des Schlossareals zwischen 2006 und 2009 in vereinfachter Form rekonstruiert. Damit konnte ein bemerkenswertes Zeugnis historischer Gartenarchitektur bewahrt werden, zu dem der weitläufige Landschaftspark einen gestalterischen Kontrapunkt bildet.

Informationen
Der Schlosspark ist frei zugänglich. Im Schloss sind Trauungen möglich.

Kontakt
Schloss Schieder
Im Kurpark 1
32816 Schieder-Schwalenberg
www.schlosspark-schieder.de

Giebel über dem Hauptportal

Die Sparrenburg – Wahrzeichen der Stadt Bielefeld

Erst aus der Ferne erschließen sich die Dimensionen der Sparrenburg. Die Anfänge der oberhalb des Bielefelder Passes errichteten Anlage reichen bis ins beginnende 13. Jahrhundert zurück. Bauherren waren die seit spätestens 1141 auf der Burg Ravensberg bei Borgholzhausen ansässigen Grafen, die vor 1214 auch die Stadt Bielefeld gegründet hatten. Möglich, aber bislang nicht nachweisbar, ist die Existenz einer älteren Befestigung auf dem strategisch bedeutsamen Sparrenberg. Schließlich ließ sich von dort aus der wichtige Heer- und Handelsweg zur Weser überwachen und eine schon im 9. Jahrhundert bestehende Siedlung in *Bylanuelde* sichern.

1256 erstmals urkundlich erwähnt, sind von der mittelalterlichen Burganlage obertägig nur wenige Reste vorhanden, darunter ein Mauerabschnitt, der dem ehemaligen herrschaftlichen Wohngebäude zugerechnet wird, sowie die Ruine

des frühestens im 14. Jahrhundert eventuell über älteren Fundamenten errichteten Torhauses. Das ursprünglich zweigeschossige Gebäude beherbergte einst auch die Burgkapelle, die zwischen 1610 und 1670 nacheinander für lutherische, katholische und evangelisch-reformierte Gottesdienste genutzt wurde.

In weitgehend originalem Zustand blieben das Sockel- und das darüber liegende Eingangsgeschoss des Bergfrieds erhalten, der wie sein Pendant auf der Burg Ravensberg einen tropfenförmigen Grundriss hat. Die bis zu 4,10 Meter dicken Wände umschließen im unteren Geschoss den einzigen, noch aus mittelalterlicher Zeit stammenden Raum der gesamten Anlage. Früher als Kerker genutzt, befindet sich dort heute der Weinkeller der Burggastronomie. Der schmale, runde Aussichtsturm wurde 1842 ergänzt. Er versinnbildlicht die für das 19. Jahrhundert typische Burgenromantik.

Vom Herrschaftsmittelpunkt zum Verwaltungssitz

Ab etwa Mitte des 13. Jahrhunderts war die Sparrenburg der bevorzugte Aufenthaltsort der Ravensberger Grafen. Nach Aussterben der Familie im Mannesstamm gelangte ihr Territorium 1346 an das Haus Jülich-Berg, dessen Angehörige zeitweise ebenfalls auf der Burg residierten. 1511 fiel Ravensberg durch Heirat den Herzögen von Kleve-Mark zu, 1614 wurde die Grafschaft dem Kurfürstentum Brandenburg, später Preußen, zugesprochen. Ihre Residenzfunktion hatte die Sparrenburg zu der Zeit schon lange verloren. Allerdings diente sie weiterhin als Verwaltungssitz, während es die Landesherren bei gelegentlichen Besuchen beließen.

Ausbau zur Festung

Nicht nur die Besitzer wechselten, auch das Aussehen des Burgkomplexes wandelte sich. Vor dem Hintergrund der Soester Fehde (1444–1449) erhielt die durch eine Ringmauer gesicherte Anlage um 1450 einen zusätzlichen Geschützturm, das spätere Windmühlenrondell. Im Bereich der nordwestlichen Geländeecke errichtet, verwies das nur über eine zweigeschossige Brücke zugängliche Bauwerk bereits auf eine geänderte Art der Kriegsführung, die mit Kanoneneinsatz einherging und neue Formen von Angriff und Abwehr erforderte.

Blick auf die Gesamtanlage von Westen

1535 veranlasste Herzog Johann III. von Jülich-Kleve-Berg (1490–1539) den Ausbau zur Festung. Durch bis zu 20 Meter hohe Kurtinen miteinander verbunden, entstanden an der Süd-, Ost- und Nordecke kasemattierte Rondelle. In die Ummauerung einbezogen war der Geschützturm, den später eine vom italienischen Festungsbaumeister Alessandro Pasqualini (1493–1559) entworfene Bastion, der ab 1556 errichtete Scherpentiner, verstärkte. Die überwölbten Gänge und Kammern, die zwischen neuer Umwallung und alter Burg angelegt wurden, erhielten 1578 Deckschichten aus Erde, was sie wie unterirdische Gelasse wirken lässt.

Ende der militärischen Nutzung

Im Dreißigjährigen Krieg (1618–1648) von verschiedenen Truppen besetzt, verlor die zwischenzeitlich erweiterte Festung etwa ab der zweiten Hälfte des 18. Jahrhunderts ihre militärische Bedeutung. 1743 waren alle baufälligen Gebäude abgebrochen, die übrigen renoviert worden. Schon ab 1738 entsprechend umgebaut, diente das Brau- und Backhaus bis 1877 als Gefängnis, heute befindet sich dort das Burg-Restaurant. Die Festungsanlagen hatte die preußische Regierung bereits 1765 zum Ausbrechen der Steine freigegeben.

Gegen Ende des 19. Jahrhunderts entwickelte sich die 1879 in städtischen Besitz übergegangene Sparrenburg zum beliebten Ausflugsziel. 1905/1906 wurden erstmals planmäßige Instandsetzungen durchgeführt. 1944 richteten Bombentreffer großflächige Zerstörungen an. Eine umfassende Wiederherstellung einschließlich der abgetragenen Verblendmauern der Festungsbauten erfolgte zwischen 1952 und 1996. Die Dauer der Arbeiten führt einmal mehr das gewaltige Ausmaß der Gesamtanlage vor Augen.

Bild links: Die Sparrenburg, Ostansicht

Burg Sternberg, Ansicht der Südfront

Burg Sternberg – In Händen wechselnder Herren

Auf einem Bergsporn oberhalb des Begatals gelegen, erhebt sich die Burg Sternberg. Wenngleich die archäologischen und bauhistorischen Untersuchungen, die dort während der Sanierungsarbeiten der 1990er-Jahre stattfanden, manches Geheimnis lüften konnten, blieben offene Fragen. Ungeklärt ist etwa die Beziehung zur rund 1500 Meter entfernten, vermutlich kurz nach 1200 aufgegebenen Burg Alt-Sternberg, von der noch Wälle und Gräben, jedoch keine schriftlichen Überlieferungen existieren. Als sicher gilt eine temporäre Parallelnutzung beider Anlagen, deren Gründer sind jedoch nicht bekannt. Zu denken wäre an die Schwalenberger Grafen, die sich in der Region seit dem frühen 12. Jahrhundert nachweisen lassen, wahrscheinlich aber schon früher hier ansässig waren.

Die reich begüterte Adelsfamilie bildete im Verlauf der Zeit mehrere Nebenlinien. 1243 errichtete auch Heinrich von Schwalenberg († um 1279), der älteste Sohn Graf Volkwins IV. (um 1190 – vor 1255), einen eigenen Herrschaftsbereich. Am Stern im Familienwappen orientiert, nannte er sich nun Edelherr, ab 1252 Graf von Sternberg. Als Residenz diente die gleichnamige, bereits seit etwa 1100 bestehende Burg, die allerdings recht einfach gebaut war. Um Sicherheit und Komfort zu erhöhen, ließ Heinrich I. von Sternberg die Ringmauer verstärken, den nordwestlichen Turm zum Wohngebäude ausgestalten und eine neue Kapelle errichten. 1266 werden ritterliche Burgmannen erwähnt; wo genau sie wohnten, ist ungewiss.

Alte und neue Besitzer

Zum Kerngebiet der Grafschaft gehörten die heutigen Gemeinden Barntrup, Dörentrup und Extertal. Hinzu kamen weitere Besitzungen. Trotz passabler Ausstattung gelang den Sternbergern kein nennenswerter Herrschaftsausbau. Eine geringe Bevölkerungsdichte hemmte die Entwicklung ebenso wie das Fehlen wichtiger Fernverbindungen und lukrativer Märkte. Zunehmender Geldmangel führte zur Verpfändung oder Veräußerung einzelner Güter, letztlich wurde die gesamte Grafschaft an die Grafen von Schaumburg verkauft. Da diese selbst in finanziellen Nöten steckten, überließen sie ihren Neuerwerb 1405 pfandweise den lippischen Edelherren, die im Umkreis der Burg Sternberg ein neues Verwaltungsamt schufen. Wiederholte Versuche der Schaumburger, die Pfandvereinbarung rückgängig zu machen, schlugen fehl. Als die Grafen 1640 ausstarben, gelangte Sternberg endgültig an die Lipper, denen der Besitz aber erst 1788, nach der gerichtlichen Abwehr anderweitiger Ansprüche, endgültig bestätigt wurde.

Zum Ende des 15. Jahrhunderts war die regelmäßig verpfändete Burg um einen zweiten Wohnturm und den am Nordturm angefügten Palas ergänzt worden. Die lippischen Landesherren, seit 1528 Grafen, hielten sich dort nur sporadisch auf. Zwischen 1558 und 1583 fielen Burg und Amt Sternberg vorübergehend an die zu versorgende Nebenlinie Lippe-Spiegelberg-Pyrmont. Unter Beteiligung auch des Lemgoer Baumeisters Hermann Wulff erfolgten in jener Zeit Umgestaltungen und Erweiterungen im Stil der Renaissance. Die Burg erhielt zudem Ausstattungselemente, wie sie für damalige Schlossbauten üblich waren, vieles davon ging verloren. Im 17. Jahrhundert fanden fast keine Modernisierungen mehr statt. Nachdem sich selbst die Amtsleute 1660 andernorts niedergelassen hatten, beherbergte die Burg von einem Gefängnis abgesehen, nur noch Gesindewohnungen und Lagerräume. Um die Verwaltung aufrechtzuerhalten, entstand immerhin 1723/1724 ein Rendantenhaus (Rechnungsstelle). 1733 verpfändete Graf Simon Henrich Adolph zur Lippe (1694–1734) Amt und Burg Sternberg an das Kurfürstentum Hannover, dessen Landesherr in Personalunion König von England war. Damit wurden die Bewohner des Amtes zu englischen Untertanen. Durch Wiedereinlösung erhielten die Lipper 1781 Sternberg zurück.

Wappen und Jahreszahl am südlichen Wohnturm

19. und 20. Jahrhundert

Die Verlegung der Amtsverwaltung nach Alverdissen 1814 beschleunigte den Bedeutungsverlust der Burg, auf der lediglich noch die Oberförsterei verblieb. Später kam eine Gaststätte dazu, deren Betreiber die 1921 bis 1935 bestehende Jugendherberge mitbetreute. Bereits im 19. und ebenso in der ersten Hälfte des 20. Jahrhunderts hatten sich Baumaßnahmen vor allem auf Reparaturen beschränkt. Während der NS-Zeit wurde der Gebäudekomplex unter anderem zur Aufnahme einer „Reichsbräuteschule" der SS genutzt. Ab 1942 befanden sich in der nun nicht mehr öffentlich zugänglichen Burg ein Kriegsgefangenenlager sowie eine Depotstelle zur Ersatzteilversorgung der Luftwaffe. Deren Leiter war der Instrumentenbauer Peter Harlan, der nach Kriegsende innerhalb der Oberburg eine Musikbegegnungsstätte einrichtete und damit den Grundstein für das heutige *Klingende Museum* legte. Die Unterburg wurde zu Beginn der 1950er-Jahre vom Landesverband Lippe, seit 1949 Eigentümer der Burg Sternberg, zur Jugendherberge ausgebaut. In den 1970er-Jahren dienten einige Bereiche der Vorburg auch Wohnzwecken.

Informationen
Das Burgareal ist frei zugänglich. Führungen und vielfältige Kursprogramme können gebucht werden. Die Oberburg, die auch das Klingende Museum beherbergt, steht für kulturelle und private Veranstaltungen zur Verfügung. Gruppenübernachtungen sind möglich.

Kontakt
Burg Sternberg
Sternberger Straße 52
32699 Extertal
Tel. 01511 5694950
www.burg-sternberg.de

Blick ins Klingende Museum

Schloss Tatenhausen – Wasserschloss in der Niederung des Laibachs

Nahe Bokel, einem Ortsteil der Stadt Halle im heutigen Kreis Gütersloh gelegen, wird Schloss Tatenhausen gegen Ende des 19. Jahrhunderts als „wohl das schönste und altertümlichste Schloß in dem ganzen Ravensberger Lande" beschrieben. Bei seiner Schilderung hatte der Autor vermutlich das Bild vor Augen, das sich über die breite Gräfte hinweg auf das Gebäudeensemble bietet.

Schon um die Mitte des 14. Jahrhunderts soll innerhalb der vom Laibach durchflossenen Niederung eine Burg gestanden haben. 1467 wird ein Hinrick Hoberch in Zusammenhang mit Tatenhausen als Erblasser genannt. 1491 gehörte der Besitz Berndt von Hoberg. 1524 hat Elseke, Tochter seines 1516 erwähnten Sohnes Jobst und gleichzeitig Anerbin, Heinrich Korff genannt Schmising geheiratet, der aus dem nicht allzu weit entfernten Haus Harkotten bei Füchtdorf im damaligen Fürstbistum Münster stammte. Die Verbindung begründete die Linie Korff-Schmising zu Tatenhausen. Der hinzugefügte Ortsname verweist auf den Sitz des neuen Zweiges der Familie, deren Nachfahren bis heute dort leben.

Bau eines Renaissanceschlosses

Da sich die mittelalterliche Burg offenbar in einem beklagenswerten Zustand befand, lag die Errichtung eines Neubaus nahe, der unter Einbeziehung alter Fundamente ab 1540 verwirklicht wurde. Geplant war eine dreiflügelige Anlage, zur Ausführung kamen indes zunächst nur der östliche Trakt und das langgestreckte Haupthaus, dessen Südgiebel ein mit Kugeln verzierter Halbkreisaufsatz abschließt. Entsprechende Formen, aber ebenso der hofseitige Treppenturm im Winkel der beiden aneinanderstoßenden Gebäudeflügel sind typische Merkmale der Frührenaissance, wie sie die von Jörg Unkair (vor 1500–1553) konzipierten Schlösser etwa in Neuhaus und Detmold aufweisen. Ob der bekannte Tübinger Baumeister auch die Entwürfe für Schloss Tatenhausen geliefert hat, ist ungewiss. Angesichts der stilistischen Ähnlichkeiten könnten seine Werke jedoch zumindest als Vorbild gedient haben.

Gesamtansicht der Schlossanlage Tatenhausen

Blick auf den Turm von 1671

Das Torhaus, fertiggestellt 1740

Umbauten und Erweiterungen

Mit der Zeit fanden am Schloss Tatenhausen mehrfach bauliche Veränderungen
statt. Um 1671 entstanden der zweite, relativ schmale Ostflügel sowie der nach
Süden hin anschließende quadratische Turm. Im frühen 18. Jahrhundert kam
die Innenhof-Terrasse hinzu. Ab etwa 1730 wurde der Haupttrakt in einfachen
Barockformen umgestaltet, rund zehn Jahre später der Westflügel ergänzt. Das
dreigeschossige Torhaus war, laut Inschrift über der Durchfahrt, 1740 fertiggestellt worden. Die Fassade des fünfachsigen Gebäudes wird von einem leicht
vorspringenden Mittelrisalit betont. Zusätzliche Akzente setzen die schlichte, mit
einer Uhr ausgestattete Gaube und ein Dachreiter.

Das Torhaus gehört zur Vorburg, wo an der West- und Ostseite die frühere Remise
sowie ehemalige Stallungen das Bild bestimmen. Vom Laibach gespeiste Gräften
umgeben die gesamte Anlage. Wegen der morastigen Bodenverhältnisse ruht das
Schloss selbst auf einem Pfahlrostfundament.

Garten und Orangerie

Während westlich der Schlosszufahrt die Wohn- und Verwaltungsgebäude sowie
Ställe und Scheunen des heute verpachteten Wirtschaftshofes liegen, erstrecken
sich östlich der Schlossanlage Reste eines Landschaftsparks, an den in nördliche
Richtung einst ein geometrischer Nutzgarten grenzte. Südlich der Orangerie lassen
durch Wege unterteilte Rasenflächen barocke Beetstrukturen erahnen.

Über das genaue Aussehen der früheren Gartenanlagen ist bisher kaum etwas
bekannt. Erhalten blieb allerdings das vom berühmten westfälischen Barockbau-
meister Johann Conrad Schlaun (1696–1773) entworfene Orangeriegebäude, das
weitaus mehr war als ein Ort zur Aufbewahrung kälteempfindlicher Pflanzen.
Um 1751 vollendet, bot der zweigeschossige, von einem Mansarddach bekrönte
Ovalbau mit seinen beiden niedrigen Seitenflügeln einen reizvollen Rahmen für
gesellige Zusammentreffen.

Trinkkuren und Schlammbäder

Die mittlerweile zur Wohnung ausgebaute Orangerie wird auch Blickfang für
die Gäste gewesen sein, die Tatenhausen aufsuchten, um mit Trinkkuren und
Schlammbädern unter anderem Gelenkrheuma und Nervenleiden zu lindern.
Im späten 18. Jahrhundert erschlossene Mineral- und Schlammquellen waren
die Grundlage eines überaus erfolgreichen Kur- und Badebetriebes, der rund
hundert Jahre währte, letztlich aber gegenüber konkurrierenden Bädern der näheren und weiteren Umgebung keine Zukunft hatte. Zeitweise beherbergte jedoch selbst das Torhaus am Schloss einige Logierzimmer. Zudem entstanden ein
heute für Wohnzwecke genutztes Badehaus sowie die nach wie vor existierende
Gaststätte, die nicht nur nach der Erkundung des nahen Tatenhauser Waldes
zum Besuch einlädt.

Blick auf die Vernaburg vom Aussichtsturm der Museumsmühle Schäfermeier

Die Vernaburg – Ruinenromantik in der Hederaue

Vom Aussichtsturm der am nördlichen Rand des Dorfes Verne gelegenen Museumsmühle Schäfermeier schweift der Blick über die weiträumige Niederung der Heder. Ein Storchennest erregt Aufmerksamkeit, aber ebenso die Ruine der Vernaburg. Die Geschichte der von dunklen Fensteröffnungen durchbrochenen Türme und Mauern reicht für „Burgenverhältnisse" nicht allzu weit zurück und währte auch nur kurz.

Bauherr der Anlage war der im Raum Verne reich begüterte Ritter Wilhelm Krewet († um 1613), dessen Familie zusammen mit den Brenken, Haxthausen und Stapel zum Kreis der „vier Edlen Meier und Säulen des Hochstiftes Paderborn" gehörte. Die später eher als Ehrentitel verstandene Bezeichnung erinnerte daran, dass die vier Ministerialengeschlechter ursprünglich die wichtigsten domkapitularischen Güter verwalteten. 1607 verlegte Wilhelm Krewet seinen Wohnsitz vom Salzkottener Burgmannenhof in die neu errichtete Wasserburg an der Heder. Die Jahreszahl, die auf die Fertigstellung der Anlage verweist, ist an der Ostseite unterhalb des Volutengiebels eingemeißelt.

Dreißigjähriger Krieg und allmählicher Verfall

Eine besondere Rolle spielte die Vernaburg im Dreißigjährigen Krieg (1618–1648). Während der Auseinandersetzungen beherbergte sie 1633 die militärischen Anführer der hessischen und schwedischen Belagerer Salzkottens. Als deutlich wurde, dass die von kaiserlichen Truppen gehaltene Stadt nicht zu verteidigen war, fanden auf der Burg Kapitulationsverhandlungen statt. Während der Gespräche beschossen Salzkottener Bürger jedoch vom städtischen Mauerring aus einige der Gegner. Der dadurch gebrochene Waffenstillstand war für die Hessen und Schweden ein Signal zum Angriff, der mit einem Blutbad unter der einheimischen Bevölkerung endete.

Bereits wenige Jahre nach den Vorkommnissen starb der damalige Burgbesitzer Dietrich Wilhelm Krewet († 1638) ohne männliche Erben. Über seine drei Schwestern fiel sein umfangreiches Vermögen an die Familien Imbsen, Haxthausen zu Welda und nicht zuletzt Brenken. Letztere ist bis heute Eigentümerin der früheren Krewetburg. Am Ortsnamen Verne orientiert, hat sich die Bezeichnung *Vernaburg* erst ab etwa der Mitte des 19. Jahrhunderts durchgesetzt.

Nur rund drei Jahrzehnte nach ihrer Errichtung war die am Ende als Witwensitz genutzte Burg weitgehend bedeutungslos geworden und vom Verfall bedroht. Die Anlage erscheint auf einer Karte von 1756 zwar noch unversehrt, während des Siebenjährigen Krieges (1756–1763) brannte das Hauptgebäude jedoch aus. Ein in den 1820er-Jahren geplanter Wiederaufbau wurde nicht verwirklicht. Einzig der Ostturm und das Torhaus mit angebautem Turm blieben bewohnbar. Ab etwa 1880 lebte dort der Flößwiesenwärter Iseken mit seiner Familie. 1933 eröffnete sein Sohn auf dem Gelände eine Sommerwirtschaft, die sich zum wahren Erfolgsmodell entwickelte: Das reizvolle Ambiente und Kahnpartien auf der Gräfte lockten zahlreiche Ausflügler an. 1975 endete die Ära der beliebten Gaststätte. Danach erfolgten Modernisierungen und bauliche Erweiterungen des Torhausensembles, das seitdem privaten Wohnzwecken dient.

Eine Wasserburg auf zwei Inseln

Durch einen breiten Wassergraben getrennt, besteht die Burganlage aus zwei fast quadratischen Inseln, die insgesamt von einer mit der Heder in Verbindung stehenden Gräfte umgeben sind. Die Hauptburg war ursprünglich durch Mauern und Wälle zusätzlich geschützt. Anstelle der heutigen Dämme zwischen den Inseln existierten früher Zugbrücken. Türme an der West-, Süd- und Ostecke ermöglichten das Beobachten der Umgebung. Während der teilweise abgetragene Westturm eine reine Wachfunktion hatte, beherbergte der Südturm zusätzlich Wohnräume, sein offenbar 1819 geplanter Ausbau zu einem Pavillon wurde indes nicht realisiert. Der aus Bruchsteinunterbau und Fachwerkobergeschoss bestehende Ostturm könnte zeitweise auch als Speicher gedient haben, später wurde er in die gastronomische Nutzung einbezogen.

Teil des Ostturms, dahinter die Herrenhausruine

Informationen

Das privat bewohnte Burgareal ist nicht öffentlich zugänglich.
Die Vernaburg kann nur von weitem angeschaut werden.
Sehenswert ist die in unmittelbarer Nähe gelegene Museumsmühle Schäfermeier.

Anschrift

Vernaburg
Krewetstraße 3
33154 Salzkotten-Verne

Schäfermeiers Mühle
Mühlendamm 33
33154 Salzkotten-Verne
handwerksinsel.de/schäfermeier-mühle-verne

Den Mittelpunkt der Hauptburg bildet das einstige Herrenhaus mit seinem runden, dreigeschossigen Eckturm. Das Kegeldach erhielt der Turm im 19. Jahrhundert. Die ursprünglich vorhandene Welsche Haube war ebenso Zeugnis renaissancezeitlicher Bauformen wie die erhaltenen, aus Sandstein gearbeiteten Voluten und Hermenpilaster am östlichen Schaugiebel. Geschoss- und Raumaufteilung des Haupthauses sind teilweise noch nachvollziehbar, doch vieles ging verloren. Gleiches gilt für die Vorburg, wo lediglich ein Scheunengebäude aus der Zeit um 1850 an den früheren Wirtschaftshof erinnert.

Schloss Vinsebeck – Französische Eleganz in Westfalen

Zurückhaltende Vornehmheit prägt Schloss Vinsebeck, eines der schönsten Wasserschlösser Westfalens. Die Ursprünge der Anlage, die samt Wirtschaftshof das Bild des gleichnamigen Dorfes bestimmt, gehen zurück auf die Familie von der Lippe – nicht zu verwechseln mit den Edelherren, Grafen und späteren Fürsten zur Lippe. Das zum Paderborner Stiftsadel gehörende Geschlecht verfügte im Mittelalter über zahlreiche Rechtstitel und Streugüter zwischen Höxter und Büren und weit darüber hinaus. Entsprechend groß war die Zahl der Lehnsherren, darunter die Paderborner Bischöfe und die Reichsabtei Corvey sowie die lippischen Edelherren, zu denen nach bisherigem Kenntnisstand jedoch keine verwandtschaftlichen Verbindungen bestehen.

Ab etwa 1350 erwarben die Herren von der Lippe aus Paderborner und Schwalenberger Hand schrittweise Güter in und um Vinsebeck, wo sie durch das Anlegen eines Rittersitzes einen festen Bezugspunkt innerhalb ihrer Einflusssphäre schufen. 1579 erfolgte eine Erbteilung. Die Besitzungen der nunmehr zwei vor Ort ansässigen Familienzweige wurde allerdings 1697 wieder vereint, das ebenfalls abgespaltene Gut Wintrup fiel 1798 an Vinsebeck zurück.

Vier Brüder, ein Schloss

Vom fürstbischöflichen Hildesheimer Hofbaumeister Justus Wehmer (um 1690–1750) konzipiert, entstand im Bereich des Vinsebecker Gutshofes zwischen 1717 und 1720 das eindrucksvolle Schloss. Was die Umstände seiner Errichtung betraf, war die lateinische Inschrift über dem Gartenportal Programm. Der dort zitierte Psalm „Seht, wie ist es lieblich und gut, wenn Brüder beisammen wohnen in Eintracht" verweist auf die offenbar einvernehmliche Verwirklichung des Bauvorhabens durch Johann Friedrich Ignaz von der Lippe (1673–1746) und seine drei Brüder, die nicht nur die Planungen begleiteten. Als Paderborner, Hildesheimer und Lübecker Domherren recht vermögend, haben sie zudem die Finanzierung der später von ihnen mitbewohnten Anlage unterstützt.

Schloss Vinsebeck, Gartenfront

Ansicht von Norden

Der graublaue Fassadenanstrich entspricht den Farbbefunden der Restauratoren, die zwischen 1967 und 1982 am Werk waren. In die umfassenden Wiederherstellungsarbeiten wurden auch die Innenräume einbezogen, deren Ausgestaltung sich wie die Architektur des Schlosses insgesamt dem Stil des Régence (ca. 1710–1730) zuordnen lässt. Die feinen Stuckaturen etwa im Großen Saal sind typische Merkmale dieser Baukunst, die eher von klassizistischer Strenge anstelle überladen wirkender Üppigkeit zeugt. Ebenso charakteristisch ist das aufkeimende Interesse für fremde Länder und Kulturen. Vom Reiz des Exotischen inspiriert, fand es beispielsweise einen künstlerischen Niederschlag in Wanddekor und skulpturaler Ausstattung. Das Chinesen-, das Mohren- oder auch das Italienische Zimmer lassen solche Bezüge erkennen.

Durch Erbfolge gelangte Schloss Vinsebeck 1765 an die Familie Wolff-Metternich zur Gracht. Sie ist seitdem Eigentümerin der Anlage einschließlich der dazugehörigen Gutsgebäude, die im Kern auf das ausgehende Mittelalter zurückgehen, später aber ergänzt und zum Teil erneuert wurden.

Architektur, Garten, Innenräume

Ausdruck der damaligen Nutzungskonstellation war ebenso der H-förmige Grundriss, der vier Wohntrakte und gemeinsame Repräsentationsräume vorsah. In der Außenansicht begegnet das Gebäude als zweigeschossiger, über hohem Sockel errichteter Putzbau mit kurzen, dreiachsigen Seitenflügeln, die aufgrund ihrer im Vergleich zum Hauptdach niedrigeren Walmdächer pavillonartig anmuten. Durch flache, wappen- bzw. ornamentverzierte Giebel abgeschlossen, betonen Risalite die Mittelachse der Eingangs- wie der Gartenfassade. Den jeweiligen Portalen sind doppelläufige Treppen vorgelagert. Das gartenseitige Entree ist schlichter gestaltet, darüber befindet sich allerdings ein Balkon mit wiederum giebelbekröntem Zugang. Die beiden Enden der dortigen Terrasse sind zu Rondellen erweitert. Als Pendant dazu werden die Ecken der Eingangsterrasse durch zwei in die Gräfte hineingebaute Rundtürme einschließlich ihrer geschweiften Hauben zusätzlich akzentuiert.

Die Schlossanlage befindet sich auf einer quadratischen Insel, die von einem breiten, viereckigen Wassergraben umgeben ist. Neben der zum Haupteingang führenden Steinbrücke findet sich auch an der Gartenseite ein entsprechendes Bauwerk – samt kleiner hölzerner Zugbrücke. Über die Gräfte hinweg folgt der Wegeverlauf dem axialen Gliederungsschema des ehemaligen, seit 1718 nachweisbaren Barockgartens, dessen Zentrum der bis heute vorhandene, achteckige Brunnen war. Kieswege und vier langgestreckte Rasenareale deuten die frühere Flächeneinteilung an. Vom Landschaftspark, der etwa ab der Mitte des 19. Jahrhunderts anstelle der barocken Anlage entstand, sind noch Baumgruppen und Solitärbäume erhalten.

Blick auf Kirche, Gut und Schloss

Schloss Wehrden – Erbaut von einem Kapuzinermönch

„Das Innere unsres Thurm's … ist mit seiner alterthümlichen Einrichtung und seiner Aussicht ein höchst poetischer Aufenthalt, dem auch die Weihe durch Sage und Gespensterglauben nicht fehlt", so die Dichterin Annette von Droste-Hülshoff (1797–1848), die sich häufig zum Verwandtenbesuch in Wehrden aufhielt. Einige der Geheimnisse, die sich um das rätselhafte Gemäuer ranken, konnten inzwischen gelüftet werden. Das um einen Treppenturm ergänzte polygonale Bauwerk, das Anfang der 1990er-Jahre saniert und mit neuem Außenputz versehen wurde, entstand um 1615. In unmittelbarer Nähe gefundene Fundamentreste verweisen auf eine Verbindung zu einer renaissancezeitlichen Wasserburg, den Vorgängerbau der heutigen Schlossanlage.

Schon im 9. Jahrhundert nachweisbar, gehörte Wehrden von alters her zur Grundherrschaft des Klosters Corvey, später traten dort die Herren von Amelunxen als Lehnsnehmer auf. Nachdem die Familie die Besitzungen aufgrund finanzieller Schwierigkeiten zurückgegeben hatte, berief sich der Paderborner Fürstbischof Hermann Werner von Wolff-Metternich zur Gracht (1625–1704) auf eine bereits seinen Vorfahren 1580 erteilte Lehens-Anwartschaft und erwarb 1695 die Wehrdener Güter.

Von der Wasserburg zum Schloss

Zwischen 1696 und 1699 erneuerte und erweiterte Ambrosius von Oelde (um 1630/1640–1705), ein anerkannter Architekt des westfälischen Frühbarock, in fürstbischöflichem Auftrag die halb verfallene Wehranlage, die wegen ihrer früheren Amtssitz-Funktion auch als *Landdrostenhaus* bezeichnet wurde. Unter Einbeziehung vorhandenen Mauerwerks schuf der Kapuzinermönch und Baumeister den zweigeschossigen Schlossbau, der sich bis heute in Familienbesitz befindet. Architektonische Zurückhaltung prägt das elfachsige, hell verputzte Gebäude, dessen Dekor sich weitgehend auf verzahnte Eckquaderugen aus Sandstein und umlaufende Gesimse unterhalb der Fenster beschränkt. Etwas aufwendiger gestaltet wurde das mit fratzenverzierten Säulen, ionischen Kapitellen und Segmentgiebel samt Wappenkartusche geschmückte Eingangsportal, zu dem eine doppelläufige Freitreppe führt. Der geschweifte Giebel im Stil der Neorenaissance war in den 1870er-Jahren bei einer Dachsanierung ergänzt worden. Seine zwei gekuppelten Vorhangbogenfenster stammen vermutlich vom früheren Wehrbau. Gleiches gilt für die Spolien, aus denen der 1931 an der linken Seite der Fassade hinzugefügte Erker zusammengesetzt ist. Die Gartenfront wird durch die beiden zweiachsigen Eckpavillons geprägt, die im ausgehenden 18. Jahrhundert aufgestockt wurden. Die

Bild links: Der Turm, in dem sich „die Droste" gern aufhielt

Bild rechts: Schlossansicht der Gartenseite

zur Mitte des 16. Jahrhunderts errichteten Ökonomiebauten erfuhren um 1700 ebenfalls eine Erneuerung. Die auf dem Schlosshof erbaute Rentei entstand 1922.

Zwischen 1968 und 1978 Internat und danach bis 1982 als Landschulheim genutzt, beherbergt das Schloss heute ebenso wie einige der Wirtschaftsgebäude exklusive Wohnungen. Vom ursprünglichen Interieur hat nur weniges die Zeiten überdauert. Bemerkenswert sind allerdings drei Prunkräume im Südflügel: Das original erhaltene Ledertapetenzimmer, das für standesamtliche Trauungen zur Verfügung steht, ein mit kunstvollen Gobelins ausgestatteter Raum sowie das ehemalige fürstbischöfliche Schlafgemach einschließlich Privatkapelle.

Alter und neuer Park

Laut entsprechender Flurkarte gab es 1810 am Schloss einen formalen Garten. Das Areal war, gemäß einem weiteren Kartenwerk aus der Zeit um 1730, von hohen Mauern umgeben, durch zwei kleine Tore führten jeweils Treppen zur Weser hinab. 1895 wurde der „kaiserlich russische Hofgärtner" Friedrich Schulz mit Erweiterungen und Umgestaltungen der Anlage beauftragt. Der Kölner Gartenarchitekt ließ die Mauer entlang einer zur Weser gelegenen Wiese abtragen und bezog deren Fläche in seine Planungen ein. An den Arbeiten der preußischen Gartenkünstler Peter Joseph Lenné (1789–1866) und Gustav Meyer (1816–1877) orientiert, schuf er einen durch weit schwingende Wege erschlossenen Park im englischen Stil. Sichtachsen, aber auch geschickt platzierte Baum- und Gehölzgruppen spielten darin eine besondere Rolle. Angesichts nicht mehr zu bewälti-

gender Pflegemaßnahmen wurde der *Neue Schloßpark* nach 1945 mit Fichten und Lärchen aufgeforstet.

Angeregt durch die Abschlussarbeit eines Studenten der damaligen Gesamthochschule Paderborn, Abteilung Höxter, rückte erst das Projekt *Gartenlandschaft-Ostwestfalen Lippe*, das auf eine Initiative zur Expo 2000 zurückging, den Wehrdener Schlosspark wieder ins Blickfeld. Ab 2002 erfolgte die Rekonstruktion unter gartendenkmalpflegerischen Gesichtspunkten. Von der Weserseite aus betretbar, steht der neue Park seither Besuchern offen, während das Areal im unmittelbaren Schlossbereich den dortigen Bewohnern vorbehalten ist.

Informationen

Abgesehen vom Herbst-Cocktail, einem Markt, der jeweils am letzten Oktoberwochenende stattfindet, ist das Schloss nicht öffentlich zugänglich.
Die historischen Schlossräume und die restaurierte Gutsscheune können für private und geschäftliche Anlässe gebucht werden.
Ein Teil des Schlossparks steht Besuchern offen.

Kontakt

Freiherr von Wolff-Metternich'sche Verwaltung
Am Gut 1
37688 Beverungen
Tel. 05275 8667
www.schloss-wehrden.de

Bild links: Schloss Wehrden, Eingangsfassade

Schloss Wendlinghausen – Spätrenaissance im Tal der Bega

Schloss Wendlinghausen, südöstliche Ansicht

Nachdem das Fehdewesen im ausgehenden Mittelalter weitgehend zum Erliegen gekommen war, zog es viele der zuvor in Städten oder landesherrlichen Burgen ansässigen Adeligen auf das Land. Die gute Agrarkonjunktur, die am Beginn der Frühen Neuzeit einsetzte und reiche Einnahmen versprach, verstärkte die Entwicklung. Zur Schaffung größerer Güter legten die Grundherren häufig mehrere Höfe zusammen. Betroffene Bauern erhielten Abfindungs-, Kauf- und Tauschangebote, hatten aber auch unter Drohungen und Gewaltanwendung zu leiden.

1530/1540 gründete der Braker Amtmann Anton von der Lippe († um 1545), ein illegitimer Sohn des lippischen Edelherrn Bernhard VII. zur Lippe (1428–1511), in Wendlinghausen einen Gutsbetrieb, der dann um 1550 der niedersächsischen Adelsfamilie Rebock gehörte. Nachdem mit Johann Rebock der letzte „von dem Stamm" 1565 im Türkenkrieg umgekommen war, fiel sein Wendlinghauser Besitz an die Schaumburger Grafen als Lehnsherren zurück. Die übertrugen das Gut nunmehr Hilmar von Münchhausen d. Ä. (1512–1573), einem der erfolgreichsten Söldnerführer seiner Zeit, der im Dienst unter anderem des Kaisers an zahlreichen Feldzügen teilgenommen und ein beträchtliches Vermögen erworben hatte. 1603 kaufte dessen nahe Hameln lebender Sohn Hilmar von Münchhausen d. J. (1558–1617) seinem Bruder Kurt, der in finanziellen Schwierigkeiten steckte, das inzwischen noch erweiterte Gut Wendlinghausen ab und ließ dort 1613 bis 1616 das heutige Schloss errichten.

Ein Schlossbau auf Eichenpfählen

Das anfangs vollständig umgräftete Gebäude ruht auf einem Pfahlrostfundament, bestehend aus 50 bis 80 Zentimeter dicken Eichenpfählen, die in den sumpfigen Untergrund gerammt und mit einer Querschicht ebenso starker Stämme bedeckt worden waren. Der westliche Abschnitt der Gräfte wurde 1836 verfüllt.

Nicht eindeutig geklärt ist, wer die Schlossanlage entworfen hat. Doch obwohl Meisterzeichen und Initialen fehlen, verweisen stilistische Vergleiche mit anderen Schlossbauten der näheren und weiteren Umgebung auf den Hamelner Baumeister Eberhard Wilkening, der in Wendlinghausen eine Zweiflügelanlage schuf. Die Existenz eines zweiten Traktes war lange umstritten, konnte aber mittlerweile anhand schriftlicher Quellen und baulicher Spuren belegt werden. Einen zusätzlichen Fingerzeig bietet der Treppenturm. Sein Standort an der linken Ecke der Eingangsfront entspricht einer Position, wo die beiden Gebäudeflügel ursprünglich winklig aneinander stießen.

Mit Welscher Haube und aufwendig gestaltetem Portal versehene Treppentürme, die in den Innenhofecken der oft mehrflügeligen Bauten platziert waren, gelten als typische Attribute vieler Renaissanceschlösser im Weserraum. Hin-

Scheune von 1847

Renaissancetypisches Dekor eines Zwerchhausgiebels

zu kommen Zwerchhäuser, reich verzierte Giebelkanten, Kerbschnittbossen-stein- und Beschlagwerkornamente sowie bis zum Boden reichende Erker, Ausluchten genannt, um weitere Merkmale zu nennen, die auch am Schloss Wendlinghausen anzutreffen sind. Besonders malerisch wirkt die dortige Süd-ostansicht, wo sich das zweigeschossige Gebäude mit dem von Obelisken, Männerbüsten und kugelbesetzten Voluten gesäumten Schaugiebel in der Gräfte spiegelt.

Neue Zeiten, neue Besitzer

1731 kaufte der braunschweigisch-lüneburgische Amtsvogt Claus Friedrich von Reden (1692–1736) Schloss Wendlinghausen, das 1753 an seinen Sohn Johann Friedrich (1731–1791) fiel. Als Johann Friedrich von Reden, seines Zeichens Kammerjunker am hannoverschen Königshof, das Erbe antrat, waren die Gutswirtschaft und das lange Zeit nur teilweise bewohnte Schloss in einem desolaten Zustand. Bereits um 1762 wurde der linke Gebäudeflügel, der zu-letzt einen Pferdestall beherbergt hatte, abgerissen. Renovierungen erfolgten allerdings erst zwischen 1783 und 1788 angesichts der bevorstehenden Heirat des Kammerjunkers, der zudem den Gutsbetrieb modernisierte sowie Scheu-nen und Ställe erneuerte. 2001 bis 2003 umfassend restauriert, befindet sich das Schloss nach wie vor im Besitz der Familie von Reden. Ebenso das heute ökologisch bewirtschaftete Gut, dem ein überregionales Energiedorf-Projekt angegliedert ist.

Zum Gesamtkomplex gehört eine im englischen Stil gestaltete Parkanlage, deren Grundstrukturen auf Ernst von Reden (1806–1869), einem begeisterten Samm-ler botanischer Raritäten, zurückgehen. Nach dem Ersten Weltkrieg beauftragte sein Enkel Otto von Reden (1877–1962) den Magdeburger Garteninspektor Paul Lässig mit einer Umgestaltung. Seit dem Jahr 2000 dient der inzwischen ins Euro-päische Gartennetzwerk aufgenommene Schlosspark als Kulisse für wechselnde Rauminszenierungen namhafter Künstlerinnen und Künstler.

Haupthaus der Werburg Spenge, Westseite

Haus Werburg – Kulturelles Leben an geschichtsträchtigem Ort

Die in die Auenlandschaft des Mühlenbaches eingebettete Werburg Spenge repräsentiert einen Typus spätmittelalterlicher Wehr- und Wohnanlagen, wie sie vielerorts vom niederen Adel errichtet wurden. Die Gründung geht offenbar zurück auf Heinrich V. Ledebur (um 1372 – um 1436). Wann genau die Werburg entstand, ist indes unklar. Um 1430 berichtete der damalige Ravensberger Drost zwar seinem Landesherren, dass der „alte Henrich Ledebur" ... „in dem Kirchspiel zu Spenge gelegen, eine neue Borch gebüweth hat", gemeint sein könnte damit aber ebenso die nur wenige hundert Meter entfernte Mühlenburg.

1468 wird die Werburg erstmals schriftlich erwähnt. Am 4. Mai desselben Jahres hat Heinrich VII. Ledebur (um 1395–1468), Erbe von Heinrich V. Ledebur, seine Güter aufgeteilt und in dem Zusammenhang seinem Sohn Johann (um 1423–1474) die „Wederborch" samt Zubehör vermacht. Heiratsbedingt gelangte die Besitzung ab 1578 nacheinander an die Adelsgeschlechter Ketteler, Munch und von dem Bussche.

Haus Werburg, das im Dreißigjährigen Krieg (1618–1648) durch Überfälle und Einquartierungen erhebliche Schäden erlitt, war einschließlich zugehöriger Ländereien zwischen 1804 und 1962 fortlaufend verpachtet. Schon 1941 hatte allerdings Alhard von dem Bussche Münch das Gut der Gemeinde Spenge verkauft. Deren Rechtsnachfolge trat 1969 die Stadt Spenge an, die 1991 auch das bis dahin noch in anderweitigem Privatbesitz befindliche Torhaus erwarb.

Im Spiegel archäologischer Untersuchungen

Etliche der ursprünglichen Bauten waren lange Zeit nur aus Schriftzeugnissen bekannt, eine Reihe neuer Erkenntnisse zum früheren Aussehen der Anlage brachten jedoch zwischen 1995 und 2011 in mehreren Abschnitten durchgeführte Ausgrabungen. Da wegen des sumpfigen Geländes sämtliche Bauten auf Pfahlrostfundamenten ruhten, wurden anhand von Holzproben zugleich Jahresringzählungen vorgenommen, die nähere Datierungen erlaubten. Unter dem späteren Herrenhaus entdeckte Reste eines Vorgängergebäudes stammten beispielsweise aus der Mitte des 15. Jahrhunderts, was letztlich die schriftlichen Nachrichten zu den Anfängen der Burg bestätigte.

Die Keimzelle der Werburg war eine rechteckige umgräftete Insel, auf der neben einem 1729 erwähnten Brunnen insgesamt drei Gebäude nachgewiesen wurden. Den Zugang sicherte ein bastionsartiger, schon 1764 abgebrochener Turm aus der Zeit um 1470. Als Ersatz diente seit 1704 die Birkenpforte, deren Abriss zwischen 1804 und 1837 erfolgte. Auf das Jahr 1574 datiert ist die Errichtung einer Mauer, sie umgab die Burginsel und war baulich mit dem in ihrem nordöstlichen Winkel gelegenen Haupthaus verbunden. Während des späten 16. Jahrhunderts erweiterten die damaligen Besitzer den Komplex um eine Vorburg. Zum Schutz der Gesamtanlage entstand ein zweiter Wassergraben, der in Abschnitten noch vorhanden ist. Die innere Gräfte wurde bereits im 18. Jahrhundert verfüllt.

Die Zeiten überdauert hat auch das 1596 erbaute Torhaus zur Vorburg, das renaissancetypische Schmuckformen sowie Wappenkartuschen des Erbauerehepaars zeigt. 2005/2006 renoviert, befinden sich in dem Gebäude heute ein Trauzimmer und das städtische Archiv, die Durchfahrt wird für Kulturveranstaltungen genutzt. Als Besonderheit gilt das original erhaltene, einst per Zugbrücke erreichbare Pappelholztor. Die ehemaligen Wirtschaftsbauten der Vorburg sind hingegen verschwunden. 1925 abgebrannt und anschließend wieder erneuert, wurde 1961 auch das Große Vorwerk abgerissen. Die imposante Scheune von 1625, die früher Lager- und gleichermaßen Verteidigungszwecken gedient hatte, musste einer Straße weichen.

Torhaus von 1596

Löwenmaske am Torhaus

Museum und Veranstaltungsort

Die im 19. Jahrhundert errichtete Fachwerkscheune auf dem Areal der vormaligen Hauptburg wurde schon in den 1980er-Jahren saniert und zum multifunktionalen Veranstaltungsraum ausgebaut, der unter anderem für Sonderausstellungen des Werburg-Museums zur Verfügung steht. Der benachbarte kleine Backsteinbau, ein ehemaliger Schweinestall, beherbergt Sanitäranlagen sowie eine Teeküche.

Beherrscht wird die Szenerie vom barocken Herrenhaus mit seinem Erdgeschoss aus Bruchsteinen und dem Fachwerk-Obergeschoss. Das heutige Aussehen resultiert vermutlich aus einem grundlegenden, für das Jahr 1717 bezeugten Umbau der Burganlage. Von Verfall bedroht, wurde das Gebäude 2008 bis 2015 wieder instandgesetzt. 2016 eröffnete dort das *Werburg-Museum Spenge* nebst Café. Schwerpunkt der Ausstellung sind die bei den Ausgrabungen entdeckten Fundstücke, darunter zahlreiche Kanonenkugeln und Spitzen von Armbrustbolzen. Der westfalenweit größte zusammenhängende Munitionsfund der Renaissancezeit vermittelt ebenso ein Bild des früheren Burgalltags wie Ofenkacheln und Haushaltskeramik, Lederschuhe oder auch Austernschalen.

Informationen
Seiner Konzeption entsprechend, lädt das Museum insbesondere Kinder ein, die Geschichte der Werburg und das Leben ihrer früheren Bewohner zu erkunden.

Kontakt
Werburg-Museum Spenge
Werburg 1
321239 Spenge
Tel. 05225 6006894
www.werburg-museum-spenge.de
www.werburg-spenge.de

Die Wewelsburg – Gedenkstätte, Museum, Jugendherberge

Hoch über dem Tal der Alme erhebt sich auf einem nach zwei Seiten steil abfallenden Bergsporn die Wewelsburg, in direkter Nachbarschaft liegt auch das gleichnamige Dorf. Die Erbauer einer vorherigen, allerdings nicht eindeutig zu datierenden Wallbefestigung haben die strategisch günstige Lage wohl ebenso geschätzt wie Friedrich von Arnsberg, genannt der Streitbare (um 1075–1124), der im selben Bereich 1123 eine Burg errichten ließ. Schon ein Jahr später erfolgte deren Zerstörung, danach schweigen die Schriftquellen für längere Zeit.

1301 gelangte die Anlage aus der Hand der Waldecker Grafen in den Besitz des Hochstiftes Paderborn, das umgehend eine Hälfte an die Edelherren von Büren verlehnte. 1303 erhielt der Ritter Friedrich von Brenken, ein Paderborner Vasall, die zweite Hälfte zu Lehen. Im Verlauf der nächsten rund 300 Jahre kam es innerhalb der drei Parteien zu wiederholten Verpfändungen und anschließenden Rückkäufen, bis das Hochstift 1588/1589 die Pfandschaften endgültig einlöste.

Eine Burg, drei Ecken

Bereits 1393 erwähnt eine Urkunde zwei Burghäuser. Die beiden wohnturmähnlichen Bauten waren bei der Erweiterung zur Renaissanceanlage einbezogen worden. An der Geländeform orientiert, entstand unter Fürstbischof Dietrich IV. von Fürstenberg (1546–1618) zwischen 1603 und 1609 ein regelmäßiger Dreiflügelbau samt mächtiger Rundtürme, die nach Beschädigungen während des Dreißigjährigen Krieges (1618–1648) mit Schweifhauben anstelle ursprünglich vorhandener Zinnenkränze versehen wurden. Entlang der südlichen und der östlichen Gebäudeseite erstrecken sich trotz der Höhenlage tiefe Trockengräben. Die Wewelsburg ist deutschlandweit zwar nicht die einzige über einem dreieckigen Grundriss errichtete Burg, als Alleinstellungsmerkmal gilt jedoch die Geschlossenheit ihres Baukörpers. Bis auf renaissancetypisches Dekor an Erkern und Portalen eher schlicht gestaltet, beeindruckt die Anlage daher vor allem durch ihr gesamtes Erscheinungsbild.

19. und 20. Jahrhundert

Bis zur Säkularisierung 1802/1803 diente die Wewelsburg zeitweise als fürstbischöfliche Nebenresidenz, anschließend preußischer Staatsbesitz, wurde das Gebäude bis in die 1830er-Jahre für Wohnzwecke genutzt. Schon 1815 hatte ein durch Blitzschlag ausgelöster Brand den imposanten Nordturm stark beschädigt. 1924 erwarb der damalige Kreis Büren die Burg, der verschiedene Umbauten für die Einrichtung eines Heimatmuseums und einer Jugendherberge vornahm.

Die Wewelsburg, Gesamtanlage von Südwesten

Südöstliche Ansicht

1933 erregte die Wewelsburg die Aufmerksamkeit des Reichsführers-SS Heinrich Himmler (1900–1945). 1934 pachtete die SS das Gebäude auf hundert Jahre, der symbolische Mietzins betrug eine Reichsmark. Die seit 1935 als *SS-Schule Haus Wewelsburg* bezeichnete Anlage sollte zum Zentrum gigantischer Baukomplexe werden, denen das gesamte Dorf hätte weichen müssen. Zur Rekrutierung billiger Arbeitskräfte wurde in der Gemarkung Niederhagen das gleichnamige Konzentrationslager errichtet, wo nachweislich 1285 Häftlinge starben.

Während eine Verfügung das Großbauprojekt bereits 1943 beendet hatte, ließ Heinrich Himmler zwei Tage vor dem am 2. April 1945 erfolgten Einmarsch der Amerikaner die Wewelsburg von einem SS-Kommando sprengen. Die Anlage brannte größtenteils aus, stehen blieben nur die äußeren Mauern und der durch KZ-Häftlinge ausgebaute, anscheinend als Versammlungs- und Weiheort vorgesehene Nordturm. Auf entsprechende Pläne verweisen der „SS-Obergruppenführersaal" sowie im Kellergewölbe die mutmaßlich zur Ehrung verstorbener SS-Führer gedachte „Gruft", ein überkuppelter Raum mit zentralem Feuerbecken. Der Außenbereich offenbart ebenfalls Spuren der NS-Zeit: Um die

Innenhof mit Nordturm

trutzige Wirkung der Burg zu erhöhen, waren der Putz abgeschlagen und die Gräben weiter eingetieft worden.

Gedenkstätte und Historisches Museum des Hochstifts Paderborn

Schon ab 1948 wurde die Instandsetzung der Wewelsburg vorangetrieben, 1950 zogen dort erneut Jugendherberge und Heimatmuseum ein. Zwischen 1973 und 1975 war auch der Nordturm wiederhergestellt worden. Nach langwierigen Diskussionen um einen angemessenen Umgang mit der jüngsten Vergangenheit konnte ab 1982 im ehemaligen SS-Wachgebäude am Burgvorplatz die zeitgeschichtliche Dokumentation *Wewelsburg 1933–1945: Kult- und Terrorstätte der SS* gezeigt werden, die sich seit 2010 neu konzipiert und in erweiterter Form präsentiert. Der Ost- und der Südflügel der Burg beherbergen hingegen Ausstellungen zur abwechslungsreichen Geschichte der Region. Das *Historische Museum des Hochstifts Paderborn* öffnete 1996 seine Pforten. Von der ursprünglichen Innenausstattung der Anlage ist indes nur wenig erhalten, unter anderem frühneuzeitliche Gefängniszellen und der „Hexenkeller".

Informationen
Museum und Dokumentationsstätte bieten vielfältige Ausstellungs- und Veranstaltungsprogramme. Die Außenanlagen der Wewelsburg, darunter ein Kräutergarten, sind frei zugänglich.

Kontakt
Kreismuseum Wewelsburg
Burgwall 19
33142 Büren
Tel. 02955 76220
www.wewelsburg.de

Weitere Bücher über Ihre Region

Ostwestfalen-Lippe – 1000 Freizeittipps
Ausflugsziele, Sehenswürdigkeiten, Sport,
Kultur, Veranstaltungen
Matthias Rickling
208 Seiten, Klappenbroschur
ISBN 978-3-8313-2291-6

Dunkle Geschichten aus Ostwestfalen und Lippe
Schön & schaurig
Hans-Jörg Kühne
80 Seiten, Hardcover
ISBN 978-3-8313-3237-3

Ostwestfalen-Lippe – Küchenklassiker
Pickert, Pudding, Pumpernickel
Ira Schneider
96 Seiten, Hardcover
ISBN 978-3-8313-2475-0

Ostwestfalen in Geschichten und Bildern
Potthast, Pils und Pumpernickel
Sebastian Sigler
80 Seiten, Hardcover
ISBN 978-3-8313-2150-6

Wartberg-Verlag GmbH   Bücher für Deutschlands Städte und Regionen
Im Wiesental 1 | 34281 Gudensberg   Tel. 0 56 03-93 05 0
www.wartberg-verlag.de   Fax 0 56 03-93 05 28